レガシー・カンパニー

世代を超える永続企業
その「伝統と革新」のドラマ

ダイヤモンド経営者倶楽部
［編］

Legacy Company

ダイヤモンド社

―巻頭インタビュー―

「心底、好きでその商売をやっているか」成功のポイントはそこにしかないと思います

落語家 九代 林家正蔵

この生業《なりわい》が好きだから、苦労も楽しいと思える

落語家は、ほかの古典芸能と違って、その家に生まれたからといって、必ず跡を継がなければいけないという商売ではありません。家業ではないんです。むしろ、倅ができたら大学を出してどこかのいい会社に入れて、カタギとして立派になってもらいたいと考えているんです。ところが、私は三代続いて落語家になった。なぜなら、落語が好きだったからです。

ほかの商売の方々を見ていても、成功するかしないかの違いは、たった一つのポイントしかないと思います。それは、「心底、好きでその商売をやっているか」。本当にその商売が好きで

好きで、どうしようもないほど好きならば、親とか何代目とかは関係ない。成功のポイントは、その生業が心底好きであること。好きならば、どんな苦労も楽しいと思える。

それが、この歳になっての結論ですね。

私は、父を継いで落語家になり、テレビにもよく出させてもらうようになった。そのせいか、九代 林家正蔵を襲名した時には風当たりもありました。いろんなことが耳に入ってきました。それでもやってこられたのは、結局、〝落語家にしかなりたくなかった〟からです。

中学生のころまでは、昆虫学者にでもなろうと思っていた。ところがある時、テレビで古今亭志ん朝師匠の落語を見て、「なんて格好がいいのだろう」と思った。うちの父親とは、まるで芸風が違う。それで、落語家になる決心をした。この商売に心底惚れているから、落語家になった。だから父親が落語家じゃなくても、落語家になっていたと思います。

人の真似ではなく、己の個性を磨き、人間を磨くしかない

でも、落語家になって、ひどく悩んだ時期もありました。一言でいえば、父親に対するコンプレックスなんでしょう。「親父はこういうふうにやっているから、オレはこういうふうにやろうか」「親父と違うふうにやったら、オレが生きるかな」なんて悩んでいた。

そんな時、ある方から「お前の考え方は、ぜんぶ親父だな」と言われた。親父と同じように

するか離れるのか、全部親父が基準になっている、と言うのです。「お前は何がやりたいのか？そのために、どういう努力をしようと思っているのか？」

そう言われて、きれいさっぱり。やっと自分の心が落ち着いたんです。どうあがいても、自分は親父にはなれない。自分がやりたいのは、華のある緻密な、古典落語です。自分はそれを目指したいと、心が決まったんです。

落語は、型があって型がない、不思議な芸です。憧れの人の真似をしても、真似だけでは絶対に抜くことはできません。だから結局、己の個性を磨き、人間を磨くしかない。

寄席に来る人たちは、噺を聞きに来るというよりは、その落語家に会いに来るんです。高座には舞台背景もなく、化粧もかつらも身につけず、扇子と手ぬぐいを頼りに、座布団の上でただ座って話すだけ。人間が、丸裸にされます。それだけに、性根を据えてかからないと、やっていけない。何年に一度、いや何十年に一度、自分の噺がお客さまの心を震わせられたと実感できた時、この生業の醍醐味を感じます。

芸風も違う祖父や父親から受け継いだのは、落語家の〝心意気〟でしょうか。お客さまに喜んでもらいたい〝心意気〟。そのための精進も、やはり好きだからこそ可能になるのです。

現在は九代　林家正蔵として、林家の〝宗家〟というポジションにいます。でも一門を取りまとめるという意識は、それほどありません。

会社と少し違うのは、弟子たちは「あなたの弟子になりたい」と言って入門してくる。つまり、師匠に惚れて入門してくる。その弟子たちを、がっかりさせたくない思いは強くあります。だからといって、格好をつけたりはしません。ダメなところもイヤなところもうんと見せます。失敗することなんて恥ずかしくない、師匠のそんなところも踏まえて大きくなってもらいたい、と心から思っていますから。

先代たちと同じように、落語家の格好よさを息子に伝えたい

落語家になる時、私は父親に入門しました。3回断られて、やっと入門を許されると、もう次の日から名前では呼んでくれなくなりました。昨日までは「倅」だったんですが、今日から「おいっ」と呼ばれるようになった。〃倅から甥〃に、距離が遠くなりました（笑）。

今になって、父親の苦労がよくわかります。手元に置く代わりに、親子の縁を切り、目の届くところで厳しく育てる。もちろん「今日から親子の縁を切るぞ」なんて、野暮なことは言いませんが。一人前の噺家になってほしいという思いは、十分伝わってきました。

父親と一緒にいた修行期間は、わずか2年ほどだったのですが、あらためて、落語家である父は「格好いいなあ」と思いました。やっぱり、格好いいんですよ。

実は私の息子も、現在、私に入門しています。大学のラグビー部に行くものだとばかり思っ

ていたら、ある日突然、楽屋の入り口に立っていて、「師匠、弟子になりたいんです」と。2回、断りました。でも断るたびに、次に来る時の顔つきが変わってきた。それを見て〝そうか覚悟ができたんだな〟とわかり、入門を許したんです。

父親として、嬉しくないと言ったら嘘になります。ただし、落語家の道は本当に甘くない。今は正直言って、コイツちゃんと食っていけるのだろうか、と心配ばかりです。ただ、あの世とやらに行った時、祖父や父親から小言を食らうことのないようにとは思います。「お前が格好悪いから、息子が跡を継がなかったんだぞ」という小言です。私も先代たちと同じように、落語家としての格好よさを伝えられたらと思っています。

落語家

九代《くだい》 林家《はやしや》正蔵《しょうぞう》

1962年、東京都台東区根岸出身。前名は、林家こぶ平。父は初代 林家三平、祖父は七代 林家正蔵、実弟は二代 林家三平。1988年、最年少で真打に昇進。親子三代にわたっての真打昇進は史上初。2014年に落語協会副会長就任。2016年3月公開映画「家族はつらいよ」出演予定。息子も入門し、2014年8月、林家たま平として前座となる。出囃子は『あやめ浴衣』。

レガシー・カンパニー◆目 次

巻頭インタビュー …… 3
落語家 九代 林家正蔵
「心底、好きでその商売をやっているか」
成功のポイントはそこにしかないと思います

貝印◆創業107年 …… 14
3代目 代表取締役社長 遠藤宏治
常に「野鍛冶の精神」に立ち返り
多様な顧客のニーズに真摯に向き合う

生活の木◆創業60年 …… 20
3代目 代表取締役CEO 重永 忠
先代が持ち込んだ〝種〟を後継創業で大きく育てる
失敗を糧に「オール自前主義」モデルを確立

南武◆創業74年 …… 26
3代目 代表取締役 野村伯英
世代交代を機に本社工場を横浜へ移転
強みを受け継ぎながらニッチトップを堅持

福光屋◆創業390年 …… 32
13代目 代表取締役社長 福光松太郎
おいしさと発酵技術へのこだわりを変わらぬ軸に
先を見据えた大胆な革新と挑戦を積み重ねる

IKEUCHI ORGANIC◆創業62年 …… 38
2代目 代表取締役社長 池内計司
「会社の生きざまが商品そのもの」という強い信念で
〝風で織る〟オーガニックタオルを世界のブランドに

大京建機◆創業50年 …… 44
2代目 代表取締役社長　内田隆一
建機の動産価値に着眼し逆境を打破
独創のビジネスモデルに勝ち残りを賭ける

亀屋万年堂◆創業77年 …… 50
4代目 代表取締役社長　引地大介
「ナボナ」を生んだチャレンジングな姿勢を
創業100年に向けた強力なエンジンに

山田食品産業◆創業80年 …… 56
5代目 代表取締役社長　山田裕朗
「ごく普通の平凡さ」こそがブランド力
埼玉のソウルフードとして根強い人気を誇る

大阪銘板◆創業101年 …… 62
4代目 代表取締役社長　山口 徹
プラスチック成形のパイオニアとして
革新を続ける100年企業の挑戦

ネポン◆創業67年 …… 68
3代目 代表取締役社長　福田晴久
熱ポンプメーカーから農業のトータル支援事業へ
新しい価値を生み出し続けることが継続の条件

「企業の永続性を学ぶ」インタビュー① …… 74
加賀屋 相談役　小田禎彦
働く人が幸せでないと、お客さまを幸せにできない
そのための環境をどうつくっていくかが永続性の原点

日比谷花壇◆創業143年 …… 82
3代目 代表取締役社長　宮島浩彰
花が存在するシーンを「コト」として捉え、
お客さまの人生と「とも」にあり続ける会社へ

鉄道機器◆創業101年 …… 88
4代目 代表取締役社長　吉田 晃
大切なのはインフラを裏で支えるという使命感
鉄道の安全安心のため、品質と技術を継承

佐田◆創業92年……94
4代目 代表取締役社長 佐田展隆
取引先倒産、被災など「三度の桶狭間」を乗り越え
若者向けオーダースーツという新たな市場を確立

ヤマセ村清◆創業143年……100
6代目 代表取締役社長 山崎祐嗣
競うべきは既存の仲卸の枠組みの中ではない
プロとして担うべき社会のニーズに対してだ

城北化学工業◆創業58年……106
2代目 代表取締役社長 大田友昭
あえて多くの在庫を持ち、日本的な経営も導入
常に不測の時に備え、成長よりも継続を重視

京葉アドバンス物流◆創業62年……112
3代目 代表取締役社長 小宮泰彦
前近代的な経営からの脱却へ、親族の重用を廃止
家族経営のよさを残しながら、受け継ぐものを選択

ボンド商事◆創業63年……118
3代目 代表取締役 小黒義幸
ボンドの誕生に合わせ創業し、市場とともに成長
一体感ある強固な組織づくりで次代に挑む

白金化成◆創業53年……124
2代目 代表取締役 野口弘道
創業社長の発想力、機動力を
すべての社員の「強み」に変える

中川特殊鋼◆創業91年……130
3代目 取締役社長 中川陽一郎
変わらず〝商社の存在価値〟を追求し、
挑戦・革新を恐れない社風を継続

サイサン◆創業70年……136
3代目 代表取締役社長 川本武彦
企業も人も「凡事徹底」の積み重ねが原点
埼玉発世界一のエネルギー小売会社を目指す

「企業の永続性を学ぶ」インタビュー②……142
慶應義塾大学総合政策学部教授 兼
政策・メディア研究科委員　飯盛義徳
ファミリービジネスはなぜロンジビティー（長寿性）を持つのか

箔一◆創業40年……148
2代目 代表取締役社長　浅野達也
受け継いだものづくりの心を原点に
箔を通して伝統の可能性を現代に引き出す

岩瀬コスファ◆創業84年……154
3代目 代表取締役社長　岩瀬由典
売り手よし、買い手よし、世間よし
独自の開発力で化粧品の未来をつくる

矢場とん◆創業68年……160
3代目 代表取締役社長　鈴木拓将
名古屋の食文化である「みそかつ」を通じて
大衆食堂という日本文化を後世につなぐ

協和物産◆創業43年……166
2代目 代表取締役社長　村野隆一
既存顧客を大切にして新規を獲得する
独自のセールスを継承しさらなる発展を図る

カネイ一言製茶◆創業150年……172
4代目 代表取締役社長　一言伊左夫
「長く愛され続けてきた」その歴史に立ち返り
本物のお茶の価値を、日本らしさとともに未来へ

中川ケミカル◆創業79年……178
3代目 代表取締役社長　中川興一
モンスター商品「カッティングシート」の開発が原点
〝経営参謀〟の育成で、スムーズな世代交代を果たす

双栄基礎工業◆創業38年……184
2代目 代表取締役社長　若山圭介
売上最低迷期に事業承継。さまざまな変革を
進めても「人を育てる」風土は受け継ぐ

メモリアルアートの大野屋◆創業76年…190
4代目 代表取締役社長 大澤静可
自らの内なる声に素直に耳を傾け
自分自身を変革して経営と事業を継続

シーボン.◆創業49年…196
2代目 代表取締役会長 犬塚雅大
創業50周年の〝第三創業期〟に
理念を次代へつなぐ新たなチャレンジを

崎陽軒◆創業107年…202
3代目 取締役社長 野並直文
真に優れた「ローカルブランド」への追求が
ナショナルブランドをも超える価値を創出する

「企業の永続性を学ぶ」インタビュー③…208
中小企業大学校東京校 校長 森田博行
会社の歴史、創業者の想い、これまでのすべてを共有し
「会社を継ぐ覚悟を決める」ところからすべてが始まる

本文中の企業データは2015年7月末現在のものです。

レガシー・カンパニー

創業107年

貝印

3代目

代表取締役社長
遠藤宏治

常に「野鍛冶の精神」に立ち返り多様な顧客のニーズに真摯に向き合う

鎌倉時代から培われた刀鍛冶の伝統と技術をもとに、日本最大の刃物の町として広く栄えてきた岐阜県関市。ＫＡＩグループはこの地で、１００年を超える企業の歴史をスタートさせた。そして今、世界に誇るグローバルブランドとして飛躍を続ける同社において、変わらず大切にしているものがある。それが「人々の生活に密着した刃物を、優れた職人が心を込めて、一つひとつつくっていく」という、受け継がれた「野鍛冶の精神」だ。

創業２００年を越える家族経営企業の世界的な組織「エノキアン協会」とフランスの「クロ・リュセ城」城主が創設した、「レオナルド・ダ・ヴィンチ賞」。これは「文化的価値観や固有の技術を保持し、未来に伝えていける優秀な企業」を表彰するものだが、２０１４年度は世界で

1社、そして日本企業として初めて、貝印がその栄誉を受けた。選考基準は、事業、理念、人材、将来性などを軸に、非常に高く設定されており、歴史に名を刻む企業として広く世界から認められたことになる。まさに「レガシーカンパニー」の範たる存在であるといえるだろう。

1908年、同社はポケットナイフ製造メーカーとして産声を上げた。主に輸出用で当初から売り上げは順調に伸びたという。しかし「もっと日常的な商品をつくりたい」という意欲を強くし、当時はまだ国産商品がなかった市場に目をつけて、カミソリを手がけるようになる。

その後、爪切り、包丁、ハサミなどアイテムを増やす中で、大きな成長への転機となったのが、70~80年代にかけて拡大したスーパーとの直接取引だ。当時はスーパーが大きく勢力を伸ばしていたころ。その成長とともに、同社の売り上げも飛躍的に拡大したのだが、ここでもう一つの武器を得た。それが商品開発力だ。「成長を競っていたスーパーさんにとって、品揃えの強化や商品の差別化は大きな命題でした。私たちは直接の窓口を通じて、その要望を細かく聞くことができ、一緒に商品を考えていったのです」と社長の遠藤宏治は当時を説明する。

「お客さまは何を求めているか、そのニーズに真摯に向き合っていく姿勢は、創業時から培われてきた私たちの文化です。当社の商品は人の生活に密着したものなので、その環境が我々をそうさせたと言えますし、さらに源流として、関の『野鍛冶の精神』が受け継がれてきたのも、大きな強みになっているのではないでしょうか」

長い歴史を持つファミリー企業であることが海外のビジネスで優位に働く

1989年、遠藤はまだ33歳の若さで3代目社長に就任する。子どものころから「あなたは会社のいわゆる皇太子なのだから、そういう自覚を持ちなさい」と言われ、後継者としての使命感は強く持っていたという。ただその時期は、先代の急逝により予想より少し早まった。

しかし「結果的に、若い時期の社長就任はよかった」と遠藤は振り返る。「わからないことが多くて、謙虚にみんなに頭を下げることができたし、その一方で大胆にもなれた。若いからこそアグレッシブに挑戦できたことも多かったように思います。そして急な社長交代で、事業承継時にありがちな親子間の諍いに気を遣う心配もなかった。先代亡き後みんなで盛り立てていこうという、一体感ある機運が社内に生まれたこともありがたかったですね」

一方、同族経営の強みについても「スピード感」をその一つのキーワードとして挙げる。「経営上、瞬時の判断を求められることは多々あります。その時にオーナーが自らの責任で判断する、その迅速な対応は重要です。また、お客さまは中長期にわたって付き合えるビジネスパートナーを求めていますから、責任の所在が明確であり、方針のブレが少ない、長い歴史を持つファミリー企業であることへの安心感も大きいようです。特に海外でビジネスを展開する際に、それを顕著に感じます」

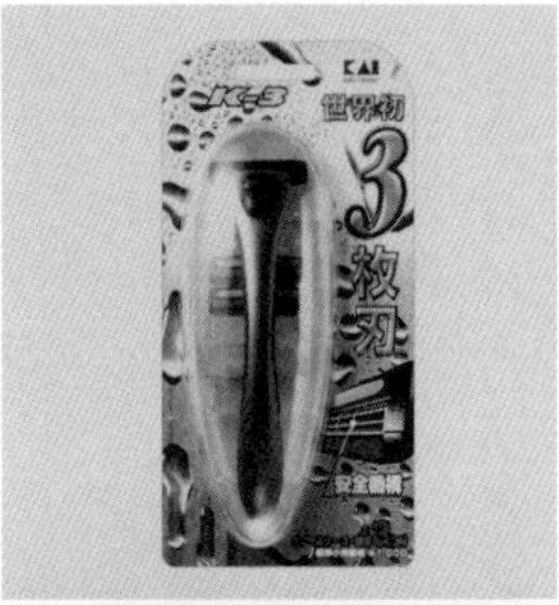

（右上）世界中で愛され、累計450万丁以上もの販売実績を誇る「旬」。（左上）貝印の名を世界に知らしめるきっかけになった、世界初三枚刃カミソリ。（左下）貝印の原点である、ポケットナイフ

同社の海外展開は、創業のポケットナイフの時代から続くものだが、1998年に発売した世界初、替刃式三枚刃カミソリ「K−3」により、さらにその名を広く知らしめた。この開発にかける遠藤の思いは強かった。「カミソリは習慣性が強いので、ブランドスイッチが起こりにくい。ですから〝世界初〟という大きなインパクトが欲しかったのです。一方、二枚刃へ進化した当時のカミソリでも剃り残しはまだあり、〝剃り味がソフトで深ぞりできる〟三枚刃への消費者のニーズは確実に予想できた。ここは勝負だと思いました」

王座に君臨してきたジレットでもシックでもなく、同社が世界初の三枚刃を出したことは、その後の世界のマーケットに大きな影響をもたらした。

さらに同社のグローバル展開は、包丁のニューブランド「旬」で加速する。しかし実は、この成

功の背景には「国内では高級ブランドがなかなか受け入れられなかった」ことがあった。貝印ブランドが「手軽な家庭用品」としてのイメージが強すぎたからだ。

しかし海外ではまだ新興ブランド。2000年代はちょうど和食ブームが始まったころでもあり、「旬」の品質の高さが、そのまま高級感あふれる逸品として受け止められた。米国の大手家庭用品チェーンなどでの取り扱いを契機に市場は急成長し、販売実績は450万丁を超えた。

大企業というのは優れた商品を持つ中小企業の集合体

同社が取り扱う商品数は、約1万点。そして毎年、500〜600アイテムは新しいものに入れ替えているという。これは、かなりの商品開発数だ。そのため約20年前に「DUPS」という指針を体系立てた。これは、「デザイン性に優れ（Design）、独自性があり（Unique）、特許に値し（Patent）、ストーリー性がある（Story）」を同時に兼ね備えるという考え方で、同社らしい商品開発に大きな役割を果たしている。

もう一つ、未来への種まきも積極的だ。例えば「貝印スイーツ甲子園」などのイベント、料理教室や料理家とのさまざまな取り組み、「Kai House マガジン」発刊などの情報発信がある。遠藤は「その延長線に何があるかを先に考えるのではなく、偶発的な何か新しいことを期待しているのです」と説明する。「お客さまのニーズが顕在化してからでは遅いので、まずは動いてみる。その過程で〝瓢箪から駒〟があればいいな、そんな感覚なんです。これらを長期的に行えるのは、まさに非上場・ファミリー企業ならではの強みではないでしょうか」

いまや大企業ともいうべき同社だが、遠藤の認識は少し違う。「大企業というのは、あくまで売り上げ尺度。当社で言えば、ブランドが増えアイテム数が増え、それぞれの売り上げを集積した結果です。言い換えれば大企業とは、優れたブランドや商品を持つ中小企業の集まりなんです。ですから、多くのものが積み重なってトータルの規模が大きくなっても、一つひとつの原点をいかに保っていけるかどうか。そこに真摯に向き合っていくということが、企業が永続発展するために、重要なキーワードになるのではないでしょうか」

■Profile■

遠藤宏治（えんどう こうじ）

1955年、岐阜県関市生まれ。早稲田大学政治経済学部卒業後、米国のロヨラ・マリマウント大学でMBA取得。1980年三和刃物（現・貝印）に入社。1986年常務取締役・経営企画室長、1989年9月、33歳で貝印グループの社長に就任。

貝印株式会社

〒101-8586
東京都千代田区岩本町3-9-5
☎03-3862-6411
創業　1908（明治41）年
事業内容　カミソリ、爪切り、包丁、医療器等の刃物を軸に、グルーミング、ビューティケア、調理・製菓用品等の製造・販売
http://www.kai-group.com/

創業60年

生活の木

3代目

代表取締役CEO 重永 忠

先代が持ち込んだ〝種〟を後継創業で大きく育てる 失敗を糧に「オール自前主義」モデルを確立

70年代からハーブ、アロマテラピー文化を創造し、2500アイテムの商品開発を行い、「生活の木」など8業態の直営専門店を持つ。現在、日本全国に直営店115店、提携店100店を展開、原料を52カ国から約300品種を直接輸入している。女性が9割を占める会社で、社員満足度「東日本第1位」に輝いたこともある。その成功を支えているのは「後継創業」への意志と、挫折から生まれた「オール自前主義」という理念である。

「後継創業」という言葉がある。生活の木の代表、重永忠が掲げている経営のキーワードで、言い換えれば〝一代一創業〟という意味だ。先代から事業を引き継いだ時に、業態転換や新事業・新分野に進出する、第二創業ともいえる。

現在、「生活の木原宿表参道店」と同じ場所に、先代（父親）が陶器店「陶光」を個人創業したのは1955年である。さらに遡れば、先々代（祖父）は写真館を営んでいた。事業を引き継ぎながらも、世代ごとに業態を自在に変えてゆく。それが同社の事業承継の秘訣ともなっているが、根底に流れているものは変わらないという。

「先々代の時代から、前例のないことをやる、人がやらない新しいことをやる、という意志は一貫しています。祖父の時代、写真館は少なかったし、父親の時代も、瀬戸物屋はあっても、製造から小売りまで一貫して行う陶器屋はなかった。〝誰もやらないことをやるんだ〟という意識は、昔から刷り込まれていたのかもしれません」

アロマテラピーの〝伝道師〟を育成し商品を普及する

受け継いでいるもう一つのものは、文化をビジネスにする、という発想である。自分で実践・体験して、よいと感じた文化を広めてゆくという考え方だ。

「祖父の写真館の顧客はアメリカ人の家庭でした。父親は写真の仕事を手伝いながら、アメリカ人の生活を見て、洋食文化がいずれ日本にも来るだろうと考えて、陶器の製造販売会社を始めたのです。ハーブとアロマテラピー事業も、海外出張の多かった父親が米国西海岸のヒッピー文化に触れて、ハーブの〝種〟を持ち帰ったことから始まったのです」

かつて表参道にあった同潤会アパートの一室に、新事業のための企画室を立ち上げたのは80年代初頭。最初の一歩は、ポプリ・ハーブの販売を広げるため、少女向け雑誌に、主人公の女の子がポプリづくりをするシーンを漫画に連載してもらったことだった。その雑誌を通じてポプリコンテストを開催したところ、約20万通の応募があった。ポプリ販売そのものではなく、ポプリをつくる「こと」を仕かけたアイデアが、全国の小・中学生の女の子たちに大当たりしたのだ。

「20万人の応募者は、やがてポプリ通信販売会員になり、彼女たちが現在の当社のハーブやアロマテラピーの主要顧客になっています。潜在的ニーズがあるかもしれないという仮説を立ててやってみたら、実際に存在した。ニーズが顕在化した瞬間でした」と重永は振り返る。

時代は高度成長期で、急速に生活の近代化や機能化が進んでいた。そのアンチテーゼとして、自由のシンボルであるハーブのある生活を提案、それが若い女性たちの感性に響いたのだ。だが、ビジネスが採算ベースに乗るには、しばらく時間がかかった。当初はハーブガーデンや雑貨屋などでの〝お土産需要〟が多く、店頭で古い商品がいつまでも陳列されているなど、いわゆる実需ではなかった。そこで卸売りの販売から、製造小売（ＳＰＡ）へと大きく舵を切った。中間在庫が残っている状況は、本物の普及ではないと考えたのだ。結果的に直営店が30店舗ほどに増えたころ、生産ロットと消費ロットのバランスが取れ、全国展開への手応えを感じ

（右）1940年代後半、先々代が経営する写真館。（中）1960年代、先代が創業した陶器店「陶光」。（左）現在のハーブ・アロマテラピー専門店（いずれも立地は表参道の同じ場所）

られるようになった。

成長へのもう一つの大きな転機は、1996年に「ハーバルライフカレッジ」というスクールビジネスを始めたこと。アロマテラピーの資格認定制度をつくり〝伝道師〟を育成したことが、アロマテラピーが普及する起爆剤となった。生活の木はハーブやアロマテラピーのよさを実感し、その魅力について顧客と共感することがビジネスの根幹にある。そのため社員のほとんどは、生活の木の顧客（ファン）であるか、スクールの生徒だという。買っていた側が売る側になり、教わっていた人が教える側になる。それも同社ならではのビジネスモデルだ。

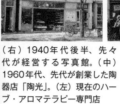

失敗を機にオール自前主義を貫く

「後継創業」の意志とともに、重永が大切にしている理念は、「オール自前主義」である。今、原材料の調達から開発、製造、流通までのすべてを自社で行っている。

そのきっかけとなる一つの出来事があった。「1998年ごろ、用途開発の一つで、自然化粧品の開発をしようとしたことがありました。自社ですぐに生産できなかったため、海外の企業と提携契約を結んで生産、年間の買取契約も交わしました。ところがそれが売れずに、7000万円ほどの不良在庫が発生し、本業にも影響が出ました。販売不振の理由は、やはり商品に私たちの気持ちが入らず、自分たちの言葉で商品の魅力を伝えられなかったから。自分たちで苦労してつくったものは、その商品のプロフェッショナルとして、誠意を込めて大切に売ることができる。その失敗以来、完全に100％自前主義を貫くようになりました」

もとはといえば、先代の仕事もオール自前主義だった。陶器も自分たちでブランディングしてデザインし、ラインナップする。「何を売るか」の前に、自分たちが「どうありたいか」が原点にある。その思いは、先代から受け継がれているものだと重永は語る。

組織づくりのターニングポイントは、約15年前、重永自身の考え方の変化だった。顧客中心の考え方から、社員の幸福を第一に考える会社へと方向転換をしたのである。「自分たちが満足していなければ、お客さまを感動させることなどできないことに気づいた。そこで、働きがいを感じさせる会社の仕組みとは何かを考え始めたのです」

社員のアンケートを取り、向学心の強い社員の要望を受けて研修会を開き、自ら講師を務めて終了後に食事会を実施、社員と積極的に交流を図った。社員全員にバースデーカードを手書きし、社員（約750名）の顔を覚える努力をする。税引後利益の3分の1を「決算賞与」として支給する還元システムも実現した。その結果、2009年度の社員満足度調査（リンクアンドモチベーション）で東日本エリア第1位を獲得した。

今〝後継創業〟は成熟の段階に入り、今後はスーパーフードなどの食文化、予防医学の分野に進出しようとしている。誰もが、社員になって働きたいと思うほど魅力的な会社を実現すること、それこそが事業を継承していく要諦だと重永は考えている。

Profile

重永 忠（しげなが ただし）

1961年、東京都出身。原宿表参道生まれ。大学卒業後、大手流通業入社。その後、経済産業省中小企業大学校経営コースを経て、生活の木代表取締役に就任。モットーは「自然に・健康に・楽しく生きる」。

株式会社生活の木

〒150-0001
東京都渋谷区神宮前6-3-8
☎03-3409-1781
創業　1955（昭和30）年
事業内容　ハーブ・アロマテラピーの専門店。ハーブ・アロマテラピーに関わる事業や店舗の開発、商品開発、イベント計画、カルチャースクール・アーユルヴェーダサロンの経営、オリジナルツアーの企画
http://www.treeoflife.co.jp/

創業74年

南武

世代交代を機に本社工場を横浜へ移転
強みを受け継ぎながらニッチトップを堅持

3代目

代表取締役 野村伯英

２０１４年、経済産業省から「グローバルニッチトップ（ＧＮＴ）企業１００選」に認定された南武。金型用油圧シリンダーと重工業向けロータリージョイントの2分野に特化し、多種少量受注生産で顧客ニーズに対応、大手自動車や製鉄メーカーを中心に世界市場で高いシェアを誇る。２０１５年５月、東京都大田区から横浜市へ本社と工場を移転。グローバル展開のヘッドオフィスとして、研究開発と本社機能を高めてゆく計画だ。

「大きな決断でした。先代（現会長：野村和史）も今は〝正しい判断〟だと言ってくれますが、当初は懐疑的でした。移転は大変な作業でしたが、その効果を着実に出していきたいですね」。

南武の3代目社長である野村伯英は、そう言って笑顔を見せる。

同社が〝住み慣れた〟大田区から横浜市金沢区の工業団地に移転したのは、2015年の5月。ゴールデンウィークを利用して引っ越し作業を行い、連休明けから稼働を始めた。移転の目的は、生産効率の向上と、本社機能の強化である。

本社工場のあった大田区萩中は、町工場が立ち並ぶ、ものづくりの街であった。しかし、大手企業の生産工場が海外へ移転するのに伴い中小製造業の廃業が進み、工場の跡地にマンションや住宅が建つようになった。羽田空港に勤務するCAをはじめ航空関係者が多く住むようになり、かつての工業地域も宅地化が進んだ。

「稼働率を向上させたくても、夜7時半以降は騒音のため機械を回せない。生産技術を追求したくても、稼働しながらの工場改築は難しい。そして宅地化により、いずれ操業が難しくなると予想された」と野村は振り返る。

もう一つは、損益計算書上の問題だった。将来に向けた損益分岐点の改善のためにも、賃貸から工場所有へ転換し、将来的な固定費の削減を図る必要があると考えたのだ。

「立地条件が大切なオフィスビジネスならばまだしも、製造業はどこでつくっているかが大事なのではない。何をいくらでつくっているのかが大事。大田区の環境の変化もあり、移転はいつか決断しなければいけなかったんです」

土地探しの条件は、周辺の宅地化リスクがない工業地域に絞り、京浜急行線沿線に住む社員が多かったことから、横浜市金沢区に決定した。移転前、社員の半数近くは近隣からの自転車通勤であり反対も多かった。結果、一部の社員の退社もあったが、移転は無事に完了した。

新工場は、一級建築士の資格を持つ野村自らが建屋のリノベーションを構想、分散していた製造部署を統合して、機械を眠らせない環境を構築した。130名定員の食堂も備えた。

こうして縦横無尽に機械を回し、生産技術を追求できる環境が整い、これまで同社が海外展開してきたタイや中国の工場に向けて最新の技術や製造ノウハウを提供する「マザー工場」が実現した。生産効率が高まると同時に、研究開発拠点としての本社機能が強化されたのだ。

マーケットから教わった南武の強みを掘り下げる

先代が外資系企業に勤めていた経験をもとに、同社の海外展開を進めていたころ、その呼びかけに応じて、2001年に野村は同社に入社する。米国市場の開拓を担当したあと、2005年にタイ現地法人の社長に就任。生産を軌道に乗せて2008年に帰国し、営業部長に就任。その直後、リーマンショックに遭遇した。

この時に再認識したのが、創業時代から続いている同社の〝強み〟を生かす経営だった。

同社は航空機用部品を手がける野村精機を前身とし、1955年に日本初の油圧シリンダーメーカーとして発足。のちに参入企業が増え「金型用油圧シリンダー」への特化を選択した。

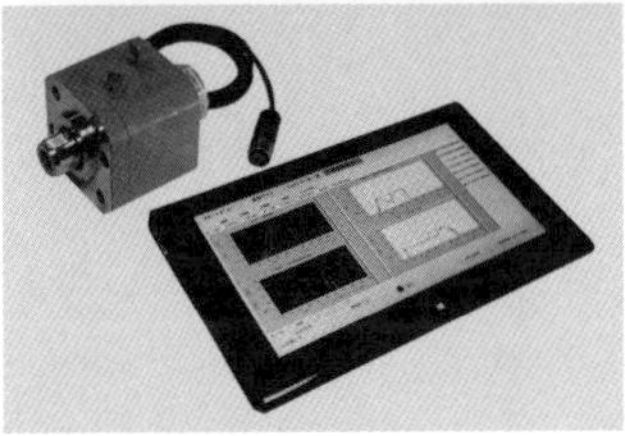

（右上）1982（昭和57）年ころの工場内の様子。当時は大田区萩中に拠点を構えていた。（左上）2015年5月より稼働を始めた南武本社工場（横浜市金沢区）。（左下）スクイズ用センサーシリンダーと「キャストビューワー」

自らが技術者であった創業者の野村三郎は、顧客のどんな相談も解決する姿勢を貫き、業界における〝南武規格〟をつくり上げた。

「〝技術をもって社会に奉仕する〟という社是の通り、当社の強みは独創的な技術力で、お客さまの困り事に真摯に応えてゆくことにあります。〝南武に頼めばなんとかしてくれる〟その評価をつきつめることで、リーマンショックを乗り切ることができた。だからこそ、過剰な価格競争に飲み込まれず、生き残ってこられたのです」

　主力製品の油圧シリンダーやロータリージョイントは、製造ラインの過酷な状況下で使われており、トラブルも発生する。多品種少量の注文、それに迅速に応えなければならず、いわゆる手離れが悪い。しかし同社はトラブルがあれば技術陣をともなって誠意ある対応を行ってきた。

技術力とサービスが口コミで広がり、世界規模での信頼感につながった。量産して売るだけのメーカーと違い、手厚いフォロー体制は海外でも高い評価を呼び、金型用油圧シリンダーは国内約70％、海外約20％、ロータリージョイントは国内約95％、海外約30％と、高いシェアを誇っている。最近は成長著しい中国市場とインド市場で、非日系メーカーからの引き合いも増えているという。

社員の幸せを考え、会社を永続させていく姿勢が最優先

「社内向けに掲げているのは〝世界中に南武ファンを創る〟という行動指針。当社らしいオンリーワンの顧客満足を創っていく、という思いを込めています」と野村は語る。

もう一つ、先代から受け継いだものに、働きやすい職場づくりがある。「趣味は仕事」という創業者時代からの社内環境を先代は大きく変革した。昔は休みが取れないことも多かったが、週休二日制、水曜定時など、当時の町工場ではありえなかった就業の環境を整えた。女性採用にも積極的で、女性の職人が〝ドリルガールズ〟として話題になった時もある。その働きやすい職場づくりは3代目にも受け継がれる。

２０１３年に野村が3代目の社長に就任し、世代のバトンタッチが行われたタイミングで、移転が実施された。受け継がれるべきものは、新しいパッケージの中で継承されたのだ。

「社員の雇用を守るためには、利益を出す必要があるが、利益を追い過ぎてもいけない。短期的な利益を優先して、社員の心を先送りにすると、どこかで無理が出て会社が立ち行かなくなる。リーマンショックのような有事の時は利益を捻出しなければならないが、そのリーダーシップを平時にも続けると、社員は疲弊してしまう。上場企業ではないのだから、たとえ低い利益率でも、社員の幸せを考え、会社を永続させていかなければならない。移転が大変だっただけに、そのことに気づく、よいきっかけにもなりました」

野村自身も都内から横浜市へ家族で引っ越しを行った。新天地への意気込みと覚悟を周りに示すことができたと考えている。

Profile

野村伯英（のむら たかひで）

1973年、東京都出身。工学院大学卒。1996年積水ハウスに入社、一級建築士の資格を持つ。2001年南武に入社。米国市場の開拓を経て、2005年タイ現地法人の社長に就任、生産を軌道に乗せる。2008年4月に帰国、営業部長に就任。直後にリーマンショックに遭遇し、責任者としての苦労を重ねた。2013年1月、代表取締役に就任。

株式会社南武

〒236-0004
神奈川県横浜市金沢区福浦2-8-16
☎045-791-6161
創業　1941（昭和16）年
事業内容　金型用油圧シリンダー及び関連付属品、鋼鈑巻取り機用ロータリージョイント、シリンダー及び関連付属品の設計・製造、上記に関する修理・オーバーホール
http://www.nambu-cyl.co.jp/

創業390年

福光屋

おいしさと発酵技術へのこだわりを変わらぬ軸に先を見据えた大胆な革新と挑戦を積み重ねる

13代目

代表取締役社長 福光松太郎

前田家加賀百万石の歴史を受け継ぐ伝統や文化が、今なお輝きを放つ北陸金沢の街。漆器や陶器、織物や箔などとともに、和菓子やお酒などにも名だたる老舗や銘品が多い。金沢で最も長い歴史を持つ蔵元である福光屋も、その代表的な存在の一つだ。よいお酒を社会に届けるという変わらぬ信念と、発酵力というブランドエクィティ、そして商品開発やマーケティングにおける先進的な革新の連続で、今なお新たな可能性を社会に発信し続けている。

壁一面に美しくディスプレイされた日本酒。独自の発酵技術を生かした、調味料やドリンク、食品、化粧品などのオリジナル商品群。さらには地元金沢の作家とコラボレーションした酒器や、お酒に合う地域色あふれるおつまみなど、東京六本木の「ＳＡＫＥ ＳＨＯＰ 福光屋 東京ミッドタウン店」には、思わず引き込まれ手に取りたくなる商品が、多種多様に揃っている。併設された「ＳＡＫＥ ＢＡＲ」では、立ち飲みスタイルでお酒やスイーツを楽しめ、お酒に関するイベントも定期的に開催。見た目のお洒落さも、品揃えや運営スタイルも、その空間プロデュースは東京の最先端そのものだ。創業３９０年を数える、地方の老舗蔵元が運営していることを聞くと、驚く人が多いのではないだろうか。

福光屋の歴史は１６２５（寛永2）年、徳川3代将軍家光の時代まで遡る。その後4世紀にわたる同社の歩みは、まさに革新と挑戦の積み重ねだ。

「歴史を語る時に、〝中興の祖〟という言葉がよく出てきますが、実際にはすべての代が中興の祖であるからこそ、長く企業が生き残っていくのではないでしょうか」。13代目である福光松太郎は、こう言って自社のこれまでを振り返る。

例えば11代目の松太郎は、蔵の増設や精米所、瓶工場の新設など設備強化を推し進めるとともに、戦時下による酒類統制で多くの酒造業者が廃業していく中、彼らの手放す酒造権を積極的に購入。大幅に生産石高を拡大した。その後１９３９年、48％もの減石を義務づけた清酒減産命令が出されたが、すでに外部情勢に左右されない強固な体制をつくり上げていた。

12代目の博《ひろむ》は滋賀県の銀行家の家に生まれ、養子として同社の後を継いでいる。そのため「福光屋を客観的な視点で捉えられたこと」がその後の経営に大きく反映された。

それは第一に味。灘や伏見の酒と飲み比べ、まだまだ差があることを実感し、追いつけ追い越せと品質改良を重ねてきた。さらにはブランド力。金沢ではすでに確固たる地位を得ていたものの、「よいものをつくったら広く知ってもらわないといけない」と、さらなる知名度拡大を目指した。その取り組みの代表例が、横山隆一が描く人気漫画「フクちゃん」を「福正宗」のキャラクターに起用したことだ。ラジオやテレビでは、「フクちゃんフクマサもってきて」のフレーズが繰り返し視聴者に強い印象を残し、同社はさらなる成長期を迎えることになる。

マルチブランド化により、顧客ターゲットと酒のテイストを大転換

しかし業界全体で見ると、日本酒の売り上げは1980年代前半をピークに、下降線に向かっていた。原因としては、ビールやウイスキー、焼酎など飲酒の選択肢が増えたこと。その一方で、日本酒業界は長く三倍増醸清酒[*1]などが幅を利かせ、「安かろうまずかろう」のイメージになってしまったことが背景にある。その大きな転換期に社長に就任したのが、福光松太郎だ。

福光がまず考えたのは、「誰に飲んでもらうか」ということだった。それまで日本酒の主要顧客は、ほとんどが中高年の男性であり、「このままでは市場が収縮する一方だ」との懸念があったからだ。そこで新たな顧客層として女性に目を向けた。さらに「ワインのように食事と一緒に楽しめるような」食中酒への転換をも志向した。

＊1 三倍増醸清酒　戦後の米不足の際に苦肉の策として生まれた増醸酒。水で希釈した醸造アルコールや糖類などを添加し、約3倍に増量させたもの

（右上）1924（大正13）年、金沢で陸軍大演習が行われ、摂政殿下地方行啓の折り御用酒を拝命。右端が11代目松太郎。（左上）2003年9月に発売した基礎化粧品の主力ブランド「アミノリセ」。（左下）2010年12月にオープンした「SAKE SHOP 福光屋 東京ミッドタウン店」

1992年にはマルチブランド政策を発表。「黒帯」「加賀鳶」など、新たなブランドを次々に立ち上げた。「個人の趣味趣向が多様化に進んでいく時代、お酒も当然そうあるべきです。幸いなことに、酒造りにおいて理想の生産単位は1000石。そのユニットごとに個性を出していくことで、広くニーズに応えていくことが可能だと考えました」。その言葉通り、新ブランド立ち上げにあたっては、一つひとつ設計図から見直し、使う微生物もゼロから考案した。

マルチブランド政策の優位性は極めて明確だ。「一つのブランドのもとで品揃えを充実させていく場合、大吟醸、純米吟醸など、酒の造り方別の体系になってしまいます。しかし私たちは〝味〟ごとにブランドを確立することができ、それぞれの個性を鮮明に発信できるのです」

酒蔵ならではの「米を発酵する技術」を資産に事業を水平展開

「フクちゃん」を前面に出した時に用いたマスマーケティングは、このマルチブランド政策では封印した。それは「マスメディアを使った広告宣伝は大量生産のイメージがついてしまうからだ」と、福光は説明する。代わりに押し出したのが、直営店展開に絡めたパブリシティ戦略だ。

1999年5月、同社は初の直営店「SAKE SHOP 福光屋」を銀座にオープンする。そこには「直接正しい情報をお客さまに伝えること。そしてただ商品を売るだけでなく、その根底にある文化や私たちの姿勢を知ってもらうこと」という大きな狙いがあった。メディアの集積する東京の一等地に出店することで、取材の対象になりやすいという期待もあった。実際に、その後の店舗ならびに企業のメディア露出は格段に増え、さまざまな媒体を通じて、伝えたいメッセージとともに認知拡大に成功する。

2001年には、すべての商品を純米造りとする「純米蔵宣言」を発表。生産高万石単位の酒蔵では唯一の取り組みとして話題を集め、同社の確固たる方向性が内外に示される。

そして2003年4月に発表した、純米化粧品「すっぴんエッセンシャルズ」を皮切りに、化粧品事業を本格スタートした。これは、女性顧客層の新たな受け皿になること、酒蔵ならではの「米を発酵する技術」を生かし、さらに進化させることへとつながった。

「化粧品事業を始めることには、お酒の味を変えた時や直営店展開と同様、社内みな反対でした」と福光は振り返る。しかし「やってみなはれ」という先代から受け継いだ思想そのままに、丁寧に社内を説得し、実現を図った。今では、化粧品は売り上げの30％を占めるという。

そして女性の活躍の場が増えるとともに、職場としての女性人気も高まっていった。２０１５年には「ダイバーシティ経営企業１００選」を受賞している。

前頁で紹介した銀座の第1号店は、実はニューヨークへの出店を目指し、グローバルに通用するデザインを取り入れたものだという。今あらためて化粧品という武器を得て、これまで培ってきた伝統と革新を、福光屋ならではの形で世界に発信していこうとしている。

Profile

福光松太郎（ふくみつ まつたろう）

1950年、石川県金沢市出身。慶應義塾大学経済学部卒。1975年国税庁醸造試験所に入所。慶應義塾ビジネススクール卒業後、1977年福光屋に入社。取締役経営本部長を経て、1985年代表取締役社長に就任する。金沢青年会議所理事長、金沢国際デザイン研究所理事長、金沢酒造組合理事長、金沢経済同友会副代表幹事など、要職を歴任。

株式会社福光屋

〒920-8638
石川県金沢市石引2-8-3
☎076-223-1161
創業　1625（寛永2）年
事業内容　日本酒、焼酎、リキュール、調味料、醗酵食品、化粧品などの製造、販売
http://www.fukumitsuya.co.jp/

創業62年

IKEUCHI ORGANIC

2代目

代表取締役社長 池内計司

「会社の生きざまが商品そのもの」という強い信念で〝風で織る〟オーガニックタオルを世界のブランドに

〝風で織る〟タオル。そのユニークで心に響く名前を、テレビや雑誌などで見聞きし、印象深く覚えている人は多いのではないだろうか。しかし今の高いブランド力をつくり上げるまでの歩みは決して順調ではなかった。夢あふれ前途洋々だった直後の大口取引先の倒産、そして民事再生……。その逆境下でも、素材や環境にこだわり、つくり手の思いを発信し続けてきた愚直な積み重ねが、世界に通用する独自の魅力をつくってきたのだ。

IKEUCHI ORGANIC創業の地、愛媛県今治でタオルの生産が始まったのは1894年のこと。その後、県が育成施設をつくるなど、地域をあげて産業の柱とするべく盛り立て、今では国内60％ものシェアを誇る、日本を代表するタオル産地としてその名を知らしめている。

1953年に創業した同社は、すでに多くの同業が競いあう中、輸出専用の工場として事業をスタートする。「数ある今治のタオル会社の中でも、初めから海外を向いていたのは私たちだけではなかったでしょうか」、そう語るのは2代目を継いだ池内計司。「私たちらしさの象徴である『新しさにこだわる』『独自路線を進む』という姿勢はこのころから培われていたのかもしれません」と笑顔を見せる。

当時は高度成長期、ヨーロッパを中心に市場を広げ、業績は順調に拡大していた。しかし1980年代になると一転陰りを見せる。それは中国製品が台頭を始め、円高も進み競争力が劇的に下がったからだ。そこで国内に市場をシフトしようとしたが、それもままならなかった。

一方、創業20周年を機に竣工した工場では、業界他社の先を行く最新織機を大量に導入していた。その先端性は当初こそ優位に働いたが、時代とともに旧式になり、その維持負担が重荷になってきた。そういった企業の後退期、転換期に池内は会社を継承した。

池内はそもそも、会社を継ぐことは想定していなかったようだ。「たぶん初めは先代(父親)も子どもに継がせる気がなかったと思います。大学生のころには『会社には来るな』と言われて、アルバイトもさせてくれなかったくらい(笑)。親は親、子どもは子どもでそれぞれ自立し、自分の道を歩むべき、そんな考え方でした。それは今の私も同じです」

その後「今治に戻って会社を継ごう」と考えを変えた矢先、先代が倒れ、間もなく息を引き取る。そして池内は、葬儀の会場で社長に就任することを宣言する。

「先代とは仕事の話もしたことがなかったし、会社のことも何も知らない。そんな状況で後を継いだわけですが、状況が状況だけに、周りのみなさんも心配していただいたり、協力的だったりで、比較的すんなりと経営に移れた気がします」

オリジナルブランドが米国で絶賛、意を強くした直後の転落

今治のタオル会社は、当時ほとんどがOEMの事業展開をしていた。タオルハンカチという新たなジャンルで独自の商流を築いてきた同社も、事業モデル自体は同じ。「この受け身のビジネスを変えて、独自のブランドを立ち上げたい」、池内にはそんな思いが強くあった。

ちょうどそのころ、しまなみ海道の開通に合わせて物産展に商品を出そうという話があったが、当然OEM商品を自社の名前で売ることはできない。これが一つの転機になった。「この機会に、自分たちのブランドを新たにつくろう」と。そこで生まれたのが「IKT」だ。

そして強固な個性を出すために、とことんまでオーガニックにこだわった。原料は、3年以上農薬や化学肥料を使わない有機栽培で育てられていること、遺伝子組換え種子でないこと、フェアトレードであること。その企業姿勢を前面に押し出し、さらに風力発電の使用、廃水処理など環境対応にも積極的に取り組んだ。業界に先駆けてISOも取得した。

（右上）旧社名"池内タオル"時代の本社看板。創立60周年を機に社名を"IKEUCHI ORGANIC"に変更。（左上）2014（平成26）年3月にオープンした東京・南青山の初の直営店。（左下）ワインのように楽しむタオル「コットンヌーボー」の原料、その年だけのオーガニックコットン

商品への理解と評価は米国が先行した。全米最大規模のトレードショーで、日本企業として初めての最優秀賞を受賞したのだ。すぐにニューヨークで5店と契約、30社以上から商談が相次いで進んだ。国内でもテレビで特集が組まれ、200店舗で発売されることも決まった。2003年夏、池内は意気揚々と、間もなく広がるであろう、輝かしい未来を思い描いていた。

しかしその直後、突然悲劇は訪れた。売り上げの7割を占めるハンカチ問屋が倒産したのだ。

限られたわずかな時間の中で、池内は熟考に熟考を重ねた。そこで出した結論は、民事再生法の選択。そしてOEMビジネスから完全脱皮すること。すなわち「当時まだ全体の1％にしか過ぎなかった、オリジナル商品〝IKTブランド〟を中心に会社を再興すること」だった。

環境は感情で語るものではない。客観的にデータで見せるべきもの

商品のよさへの理解はすでに広がっており、倒産した先の卸会社との取引は継続され、注文は着実に増えていった。地元の企業も積極的に支援に回り、少しずつ会社は回り始めた。資金的な不足はずっとついて回ったが「だからこそ、関係がピュアになれた」という。「私たちが掲げるオーガニックとは、商品の特性だけではない。生産者、加工会社、販売店、お客さまなど、すべてが心地のよい関係で仕事をすること。それをオーガニックと呼ぶのです」

同社の最大の財産は、これら企業を取り巻く関係の強さと言える。民事再生の時にも「がんばれ池内タオル」というサイトを立ち上げ後押しした、強固なファン層がいたという。

それは「環境は感情で語るべきではない。データで見せるべき」という池内の信念に基づく、積極的な情報開示がもたらしたものでもある。「環境問題に詳しい方が、日々メールなどで私たちの取り組みにダメ出ししてくるんです。そこで逃げずに自社の姿勢や情報を発信し続けてきた。すると『この会社は真正直で面白い』と評判が広がった」と当時を振り返る。

池内が目指してきたことは、ある種のきれいごとかもしれない。でもだからこそ、誰もがしたかったことをかなえてくれる、理想の代弁者になってきた。「会社の生きざまが商品そのもの」、その信念を貫き通すことで、関係を強化し、会社を強くしてきたといえよう。

「赤ちゃんが口に入れても安全なタオル」。同社は60年かけてこの信頼を築き上げてきた。これからはさらに「口の周りのもの」に力を入れていくという。例えばベッド周り、キッチン関係、テーブルクロスなど、まだまだ裾野は大きいと語る。そして次の60年に向けて「赤ちゃんが食べてもいいものをつくる」そんな宣言もしているという。

それは非常に遠い未来のようだが、池内はある時ふと気づいたという。今新しく入ってきた社員が十分見届けることができるはずの未来だということを。

「であれば、その夢は必ず引き継いでいけるはず」。そんな確信を得て、株式上場も見据えた次なるステージに向けて、強くアクセルを踏み込んでいる。

Profile

池内計司（いけうち けいし）

1949年、愛媛県今治市出身。一橋大学商学部卒。松下電器産業（現パナソニック）に入社し、ステレオ事業部、営業企画部勤務を経て、1983年池内タオル（現IKEUCHI ORGANIC）に入社。代表取締役社長に就任。

IKEUCHI ORGANIC 株式会社

〒794-0084
愛媛県今治市延喜甲762
☎0898-31-2255
創業　1953（昭和28）年
事業内容　オーガニックテキスタイルの企画・製造・販売（タオル、マフラー、ベッドリネン、インテリアファブリック、アパレル素材など）
http://www.ikeuchi.org/

創業50年

大京建機

建機の動産価値に着眼し逆境を打破
独創のビジネスモデルに勝ち残りを賭ける

2代目

代表取締役社長 内田隆一

日本に数台しかない550トンの超大型クレーンから最新鋭のクレーンまで豊富な車種・台数を揃え、国内外の建設現場を支える大京建機。星の数ほどある中小・零細企業がしのぎを削る、しかもどこよりも景気の動向に業績が左右される建設業界において、生き残りを賭けた激しい戦いに勝ち残り、事業の継続を果たしてきた背景には、業界の常識を覆すような独創的なビジネスモデルの構築があった。

大京建機の創業は1965年。創業者である先代が、大田区でトラックとクレーンのオペレーター付レンタル（以下レンタル）事業を始めた時に遡る。オリンピック閉幕後とはいえ日本は高度成長期の真っただ中、建設業はインフラ整備や建設ラッシュにより隆盛を極めていた。

クレーンのレンタルというのは当時も今も、操作を担うオペレーター付きで貸し出すのが一般的であるため、レンタル会社はクレーン1台につき最低でも一人のオペレーターの雇用・育成が欠かせない。当然ながら会社としては、クレーンの購入費用に人件費を加えた金額以上を、レンタル料として得なければならない。売り手市場の時代は、保有する機械と人を増やせば着実に利益につながるが、景気が冷え込み買い手市場となれば途端に経営は逼迫する。先代が築いた経営を安定させ事業を確実に後世へとつないでいくには、景気に左右されないビジネスモデルの確立に挑む必要がある。

2代目社長の内田隆一がこれまでも、そして現在も取り組み続けているのが、これだ。同社をレガシー・カンパニーたり得る存在とするビジネスモデルの構築なのである。

レンタルで活用しながら販売在庫にもする、というビジネスモデル

新卒で入社した建機メーカーを退職し、内田が入社したのは1990年のこと。先代率いる当時の同社は120台を超えるクレーンを保有し、経営的にも絶頂期を迎えていた。だが、それは逆に言うと、経営が下り坂へ入るとば口にさしかかっていた時期でもあったのだ。実際、1992年からクレーンのレンタル単価は下落し始め、その2年後には絶頂期の半値以下、直接原価を割るような事例も出てきた。

その打開策として内田が取り組んだのが、アジアへの中古クレーンの販売事業だった。

「私が最初に中国に出張したのは1994年です。親しい同業者から誘われてのことでしたが、翌年には長春の人民解放軍との契約ができ、まずは160トンのクレーンを販売。その後、ダンプやユンボなどの建設機械を輸出することが決まりました」

その後、中国で販売する商品の仕入れで出向いた韓国で、内田は目から鱗が落ちるような出来事に遭遇する。1997年からのアジア通貨危機に瀕していた韓国企業から、「クレーンを買うならヤードごとすべて買ってくれ」と話を持ちかけられたのだ。そこで内田は、「ウチのクレーンも売り物になるかもしれない」「いや、売るためにある商品なのかも」とひらめく。

クレーンのレンタル業は、販管費、オペレーターの人件費、そしてクレーン購入費の残債、この三つが原価として大きな位置を占めている。販管費と人件費をカットするのはすでに限界が来ていた。そのため、手をつけられるのはクレーンの残債しかなかったからだ。

具体的には、レンタル用に保有しているクレーンを中古販売用の商品とする。つまり、減価償却が終わった比較的使用年数の浅い機械をアジアの新興国に売り、それを頭金にして国内で需要のある新しい機械を購入。これを新たにレンタルに出すことで、毎月支払うべき経費の総額を減らそうというのだ。クレーンは中古機であっても、それなりの価格で売買が成立する。特に、納車に時間がかかる機種も多い。すぐにでも使いたい業者にとっては、中古に食指が動

（右上）2015（平成27）年3月竣工川崎事業所新社屋（クレーンパイロットハウス）。（左上）50年前の社章を本金貼りで復活。（左下）50周年アニヴァーサリーカラーの日本最大級550トンクレーン

くことも少なくないから、こうしたビジネスが成立すると内田は読んだ。

決断の時であった。「すでにコストカットは、お中元・お歳暮、カレンダーや年賀状までやめるなど、とにかく徹底的に行っていました。しかし、そのせいで従業員はどんどん疲弊しており、もうこれ以上のコストカットはすべきではない、なんとしてでもこの新しいビジネスを成功させなければ、と必死でした」

ただ、従業員たちの理解を得るのは容易ではなかった。クレーンを売るということは、それを扱う自分たちの首を切ろうとしているのではないか。財産を処分して会社を畳むつもりでいるのではないか。そう捉えられたのだ。前社長のころから働く従業員は怒鳴りちらし、中には内田の机に八つ当たりする者までいたという。

「いくら私が部長であっても副社長であっても、古参のオペレーターからすれば、私は自分たちの子どもと一緒にヤードで遊んでいた『隆ちゃん』ですからね。彼らにきちんと納得してもらうには、根気よく対話を続け、それ相応な時間が必要でした」

アジアから中東、さらにはアフリカまで。クレーンの世界環流が夢

それだけの熱意と労力をかけて余りあるものが、このビジネスモデルにはあった。しかも、「自社でレンタルするクレーンは、自社のオペレーターが扱うため管理はしっかりしており、中古品としての価値は高い。一方、早めに販売することができれば、タイヤ交換などのメンテナンス・フィーは低く抑えられる。まさに一石二鳥だったのです」と内田は言う。

はたして、1998年にはフィリピンの空港工事が始まり、韓国経済も持ち直すといった追い風が吹き、中古クレーンの販売事業は軌道に乗っていった。さらに、2005年11月からはドバイへの輸出にも取り組み、一気に大きなビジネスへと成長させた。2008年にはリーマンショックによって冷や水を浴び膨大な在庫を抱えることとなるのだが、それが逆によかったともいえる。その処理に必死に取り組むことで、クレーンのレンタル事業を中古クレーンの販売事業と不動産賃貸事業で補完するという、同社独自のビジネスモデルを確立できたからだ。

ちなみに不動産賃貸は、内田が社長就任した2001年前後に始めた。中古クレーンを売っ

た代金で、新たなクレーンを買ってレンタルとして貸す。つまり、クレーンを金融商品として扱っているわけだから、不動産でも同じことができるのではと考えてスタートした事業だった。

「いずれはクレーンを日本からアジア、ドバイなど中東へ、さらにはアフリカまでと、自社の力でグローバルに環流させたい。そこで最近は、外国語に堪能な社員の育成に力を入れています。また、丁寧な活用としっかりとしたメンテナンスが、中古クレーンの高値販売につながりますから、オペレーターの質を高め、高いメンテナンス技術も維持していきたい」と語る内田。

人材育成に投資を惜しまず、質の高さで他社との差別化を図り、それぞれの分野で一流となる。それが、自らが確立するビジネスモデルを、さらに強固なものにすると考えているのである。

Profile

内田隆一（うちだ りゅういち）

1966年、東京都出身。東海大学政治経済学部卒。1989年建機メーカーに就職、クレーンの営業に従事。1990年に転職、大京建機入社。クレーンオペレーターに必要な資格取得からスタートし、海外営業など新規事業に取り組む。2001年代表取締役社長就任。

大京建機株式会社

〒144-0051
東京都大田区西蒲田4-3-3（本社）
〒210-0007
神奈川県川崎市川崎区駅前本町14-1
（川崎支店・総務グループ）
☎044-221-7651
創業　1965（昭和40）年
事業内容　建設揚重機械及び荷役機械のレンタル事業、中古建設機械の売買、海外事業、不動産事業
http://www.daikyo-kenki.co.jp/

創業77年

亀屋万年堂

「ナボナ」を生んだチャレンジングな姿勢を創業100年に向けた強力なエンジンに

4代目
代表取締役社長 引地大介

「ナボナはお菓子のホームラン王です」というキャッチコピーとともに、一世を風靡した亀屋万年堂。発売から50年以上が経った今も、ナボナは贈答品として親しまれ、なおかつ東京土産の代表としてマスコミに取り上げられる存在となっている。しかし、たった一つの商品が飽きられることなく愛され続け、しかも長年にわたって経営を支える存在となってきたのは、そのたった一つの商品に亀屋万年堂の確固たる経営理念が息づいていたからにほかならない。

首都圏出身で50代以上の人であれば、「ナボナ」と聞くと、つい「お菓子のホームラン王」と答えてしまうのではないだろうか。当時、読売ジャイアンツのホームランバッターとして老若男女の人気を集めていた王貞治がＣＭに出演したこともあり、「ナボナはお菓子のホームラン王です」というキャッチコピーと「東京自由が丘亀屋万年堂」という社名は、多くの人々の記憶に刻まれることになった。

実は創業者の娘婿が、王選手とともにジャイアンツのＶ９時代を築いた外野手・國松彰だったことから、このＣＭは生まれたという。「王さんはプライベートでも店に遊びにくるような間柄。創業者である祖父とも親交があり、その人柄に心酔していたことから、ＣＭ出演の話も二つ返事で引き受けてくれたそうです」

こう語るのは４代目社長の引地大介だが、本人は１９８１年生まれ。１９６７年に始まったナボナのテレビＣＭを自らの目で見ているわけはない。もはやこのエピソードは同社にとって伝説にもなっているのだろう、当時の事情を事細かに紹介してくれた。

ナボナ発売からすでに52年という歳月が経っているが、今もナボナは〝亀屋万年堂の代名詞〟として店頭を飾る。昭和の初め１９３８年に、一人の職人が独立して開いた和菓子屋が、大きな経営危機にも見舞われず、東京・神奈川を中心に約60店という現在の規模にまで成長してこられたのも、このナボナがあってこそといえる。

むろんそれは、ナボナという菓子の魅力だけによるものではなく、ナボナを生み出し、ヒット商品に仕立て上げ、さらに飽きられない息の長い商品へと育ててきた経営努力が、その根底にあるということを意味している。

チャレンジングな取り組みを職人気質の誠実さが支えてきた

ナボナは、ソフトカステラにチーズ風味、パイン風味などのクリームを挟み込んだ菓子で、一般的には洋菓子に分類される。社名からイメージされる通り同社は本来は和菓子屋であり、創業以来どら焼や最中、羊羹といった和菓子の製造・販売によって着実な歩みを続けてきた。それが創業から25年経ったある日、あえて未経験の洋菓子の開発に挑み、その結果生み出されたのが「欧風銘菓」ナボナなのである。

「祖父が『機を見るに敏』だったのでしょう。食の洋風化が進み出してきた時代に応えようと、どら焼にクリームを挟んではどうかということに始まり、だったら生地もケーキのようなスポンジにして、さっくりとした焼き上がりにしよう、と。当時としてはかなり思い切った挑戦をして生まれたのがナボナだと聞いています」

この発想が見事に的中し、発売開始2カ月で本店兼工場を鉄筋3階建てに改築するほど、ナボナはヒット商品となった。つまり、ナボナの人気はテレビCMによるものではなく、創業者の発想とチャレンジスピリットが時代に受け入れられた結果だったのだ。さらに、テレビCMの放映でナボナの人気に火がついたのを絶好のチャンスと捉え、1969年には横浜に2200坪の土地を購入し、新工場を建設。ここは、手作業主体の本店兼工場、第二工場とは異なり、

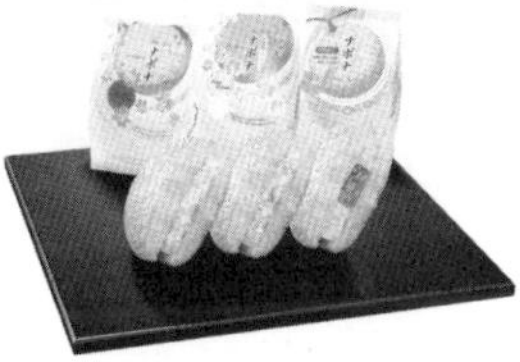

（右上）1938（昭和13）年12月18日、現在の本店所在地にて創業。（左上）2015年に新築された総本店。（左下）現在の「ナボナ」

大量生産を可能とする本格的な機械化工場だった。

「ナボナが爆発的に売れたとはいえ、まだまだ十数店舗という規模の会社でしたから、思い切ったことをしたものです。この流れに乗らないでどうするという気持ちと、他の菓子店と同じことをやっていても駄目だという気概が、祖父の中にあったのでしょう」

ただ、彼はそもそも職人の出であり、丁寧に仕事をこなすことをよしとしていたというから、どんなに追い風が吹いていようが、無謀な挑戦をするような人ではなかったようだ。

「王さんもおっしゃっていましたが、祖父とゴルフをやると本当に一打一打を丁寧に打つ。目の前のことに懸命に取り組むその姿は、菓子づくりにも通じていた、と。そしてその誠実な性格に誰もが惹きつけられ、ファンになったそうです」

洋菓子の開発、テレビCMの放映、大規模工場の建設等々、歴史的事象だけを振り返るとチャレンジングな姿だけが浮かび上がってくるが、その裏には自らの手で一つひとつの菓子を丁寧につくり上げる職人ならではの誠実さが潜んでいる。すべての取り組みが、決して大きく外れることなく順調な歩みを進めてきた背景には、そうした事実が隠れていたのだ。

創業100年に向け「お菓子のホームラン王を越えていく」

4代目社長の引地は銀行出身。父が急逝したことにより社長に就任した。同社に入社して4年目のことだった。

「銀行では債権回収の仕事をしていたので、経営危機に瀕した中小企業というのをたくさん見てきました。その経験からウチを見たら、なんと健全か。余力も体力もある会社で、これならやりたいことができる、というのが率直な感想でした」

そこで就任後1年間は助走期間と考え、同業者との交流を深めつつ経営の勉強に力を注いだ。その結果、創業者の中に息づいていた、そして成長の原動力となったナボナを生み育ててきた同社ならではの「チャレンジングな姿勢」が薄らいでいると痛感。提案制度をつくり、社員たちの斬新な意見を積極的に吸い上げるようにした。

一方で、将来を見据えた中期経営計画を策定した。チャレンジを支える基盤として、初代にあったのが職人気質の誠実さとすれば、4代目の引地にあるのは銀行マンとして培ってきた戦略的な感性といえるかもしれない。

すでに2015年に入り、創業の地にビルを新築し、本社及び総本店そして「亀屋万年堂茶房」を、表参道には生ブッセを販売する新業態「ａｎｏｖａｎ」1号店をオープンさせた。同時に、「お菓子のホームラン王を越えていく」というキャッチコピーを発表。「創業100年に向け、亀屋万年堂ブランドを現代風にブラッシュアップさせる。総本店のリニューアルはその象徴」と意気込みを語る。今後は33歳という若さが、この取り組みを推進する強力なエンジンとなり、100年企業への礎をさらに強固なものにしていくに違いない。

Profile

引地大介（ひきち だいすけ）

1981年、東京都出身。慶應義塾大学法学部卒。2005年みずほ銀行に入行。2007年同行を退職し、亀屋万年堂に入社。半年ほど店舗にて販売業務に当たった後、2008年4月日本菓子専門学校に入学し、菓子づくりを本格的に学ぶ。2010年3月同校を卒業し、営業推進、生産管理、商品開発などの仕事を経験した後、2011年代表取締役社長に就任。

株式会社亀屋万年堂

〒152-8904
東京都目黒区自由が丘1-15-12
☎03-3723-0345
創業　1938（昭和13）年
事業内容　和菓子の製造・販売、喫茶店の営業
http://www.navona.co.jp/

創業80年

山田食品産業

「ごく普通の平凡さ」こそがブランド力 埼玉のソウルフードとして根強い人気を誇る

5代目

代表取締役社長 山田裕朗

埼玉県を中心とした関東一円で174店舗を展開する外食チェーン「山田うどん」。ボリュームがあって廉価なメニュー、早朝から深夜まで営業している店舗があったり、多くの店舗がロードサイドに位置していることなどから、ドライバー等に根強く支持されている。しかも最近は、メディアに取り上げられる機会が増え、「埼玉のソウルフード」として静かなブームになっている。事業継続の秘訣は、第二の創業を成し遂げた先代への反骨精神にあった。

埼玉県民であれば、「山田うどん」の名前を知らない者はいないだろう。また、関東近県に住む人でも車を運転する機会が多ければ、〝かかしをモチーフにした赤いやじろべえ〟が描かれた黄色いサインポール(回転看板)を、一度は目にしたことがあるに違いない。メニューは、看板商品であるうどんを中心に、かつ丼、かき揚げ丼をはじめとしたご飯ものやセットメニューも多く、非常に親しみやすい、日常に根付いた店舗空間であることが特徴だ。

山田うどんを展開する山田食品産業の源流は、1935年にまで遡る。「スタートは自宅で手打ちうどんを出す飲食店でしたが、すぐにその麺を販売するのを生業とするようになったようです」と5代目山田裕朗社長は、創業当時のことを、こう振り返る。

同社に大きな転機が訪れたのは、1964年。県内最大規模の製麺工場を建設したことがきっかけだった。生産体制は大幅に拡大したにもかかわらず、スーパーなどからの買い叩きなどで、商売の先行きが厳しくなってきたのだ。頭を悩ませた先代は、「それなら自分で売ってしまおう」と、飲食店「山田うどん」をオープンさせた。製造から販売までを一気通貫で対応する同社独自のビジネスモデルは、この時に形づくられたことになる。

当時1杯70円が相場だったうどんを35円で提供したことが人気を呼び、店舗は大いに賑わった。そして、この繁盛ぶりに近隣農家が目をつけ「自分たちも店舗を運営したい」との依頼が相次いだ。そこで、当時としてはまだ珍しいフランチャイズ化に乗り出していく。

「ただ私たちは製造業。店舗はあくまでうどんの販売先であり、ロイヤリティは取っていなかった」という。このような出店のしやすさもあり、その後も山田うどんは順調に成長を続け、1980年には北関東を中心に280店舗までチェーン網を広げていった。

台頭してきたファミリーレストランに対抗するため、ガッツリ系に特化

しかし、好事魔多しとはよく言ったもので、1980年代に入ってファミリーレストランが台頭してきたことで、客足が鈍っていく。それもあってか、本部の指示に従わない加盟店が出たり、バブルで地価が上昇してからは撤退する店舗も増えてきたりと、山田うどんのフランチャイズ・チェーンにも、大きなほころびが見えてきた。

「商品をないがしろにされるのを嫌ったのでしょうが、フランチャイズでやっている限りは、どうしてもコントロールが効かない。だったら直営でやったほうがいい、ちょうど撤退するオーナーも増えてきたことだし……ということもあって、このころから経営の形態を大きく変えていったのです」

同時に、ファミリーレストランに対抗するために、メニューを大幅変更。従来から多かったブルーカラーの客層をターゲットに、チャーハンやカレーなどのご飯ものと、うどんやそばを組み合わせた、ボリュームあるセットメニューを中心とした〝ガッツリ路線〟へと転換した。この発想が見事にあたり、売り上げは回復基調を描いていった。

「セットメニューというと普通はご飯か麺どちらかが0・5人前になりますが、私たちのお店はどちらも1人前の組み合わせ。満足度が違います。『カロリーのK点越え』をキャッチフレー

（右上）1959（昭和34）年に所沢市上安松に建設された製粉工場。（左上）「山田うどん」智光山公園店（埼玉県狭山市）。（左下）うどん、かき揚げ丼、カレーなどの看板メニュー

ズに、この路線はしっかりと継続しています」

また、ガッツリ路線に舵を切ったのと同じころ、山田うどんは女性の積極登用も始めている。今では店舗スタッフの約9割を女性が占め、勤続年数も非常に長くなっているという。そうした中年女性を中心とした接客スタイルこそが、「ご近所の食堂」的なアットホームな雰囲気を醸し出しているといえそうだ。

地域に育てられたという思いを胸に、地域に愛される店づくりをする。そして、寄せられる顧客の声に向き合い、丁寧に実直に、山田うどんらしい味やサービスを大切にしていく。

その結果、「特別ではない、ごく当たり前の平凡さ」こそが、同社ならではのかけがえのないブランドへと育っていった。それは今に続く企業の強さを形づくる原点にもなっている。

慣習にとらわれている抵抗勢力を一掃し、改革を断行する

「本音を言えば、経営者としての父のやり方を反面教師にしてきた部分が多いのではないでしょうか」。この言葉が示す通り、山田は先代の経営にことごとく反発してきたという。

「父の経営は、勝負勘と経験の経営。一代で会社をこれだけにしたということには頭が下がりますが、一方で問題もたくさんありました。現場は鶴の一声でかき回され続けたし、萎縮している部分も多くあったからです」

1996年に取締役に昇進した山田は、学生時代に会計学を学び、数字に基づいた合理的な経営を目指した。当然ながら計画や予算管理を屁理屈といって嫌う先代とは、ことあるごとにぶつかった。2006年に社長に就任してからも、上には先代が会長として君臨していたために、よけいに社員を戸惑わせることになってしまったという。

リーマンショックによる不況で創業以来の大ピンチに見舞われた時期、先代の逝去も重なった。この緊急事態に、山田は当初から描いていた姿へ大胆に改革を進めていくことになる。勘任せだった判断をデータ重視に。店舗は不採算であれば思い切って閉鎖、経費も無駄を切り詰めるなど、健全な企業体質への転換に注力。経営を持ち直すことに成功した。

近年、山田うどんはメディアや芸能界などで、一つのムーブメントを巻き起こしつつある。

端緒になったのは、ライターの北尾トロとコラムニストのえのきどいちろうがインターネットTVの対談で山田うどんに触れたことから。それがラジオに広がり、『みんなの山田うどん』などの書籍が発刊され、実力派アーティスト「吉田山田」と、新メニューのコラボ展開やライブ会場での共同出店も実現する。さらには、今をときめくアイドルの「ももいろクローバーZ」までもがその輪に加わっていく。

「実はウチからは特に何もしていないんですよ。〝山田愛〟と自然発生的に盛り上がってくれる」と山田は言うが、これだけの事象が〝勝手〟に巻き起こったところに、山田うどんの大きな魅力があるといえよう。まさに「埼玉のソウルフード」と言われるゆえんである。

Profile

山田裕朗（やまだ ひろあき）

1962年、埼玉県出身。國學院大學経済学部卒。1985年、電器店チェーンを中心にホテルからレジャー産業まで幅広く展開する企業グループに入社。1987年に転職、山田食品産業入社。平社員から経験を積み、2006年代表取締役社長に就任。

山田食品産業株式会社

〒359-0025
埼玉県所沢市上安松1032
☎04-2995-1311
創業　1935（昭和10）年
事業内容　「山田うどん」チェーンの店舗展開、運営・管理。店舗設計・施工、麺製品の製造・卸及び惣菜品の製造・卸、自社製品の直販ならびに通販事業
http://www.yamada-udon.co.jp/

創業101年

大阪銘板

プラスチック成形のパイオニアとして革新を続ける100年企業の挑戦

4代目

代表取締役社長　山口　徹

大正時代に創業し、戦後、独自技術を武器に業績を伸ばしたプラスチック成形の老舗、ダイメイグループ。プラスチック成形の黎明期から一貫して時代の先端を駆け抜けてきた同社が、2014年に創業100周年を迎えた。トップ交代のたびに事業のステージを上げ、10年前の4代目の社長交代では、自動車部品という未知の領域にチャレンジ。成形を核としたプラスチックのトータルソリューションメーカーとしてさらなる進化を遂げている。

大阪銘板を中心としたダイメイグループは、ものづくり企業の集積地として知られる東大阪市を本拠とするプラスチック成形・加工メーカーだ。国内外に10カ所の拠点を構え、自動車のバンパーなどの大きなものから、日常よく目にするカメラやビデオの外装カバー、家電製品の内部の小さなファンやギアまで、大小さまざまなフォルムの製品を生み出している。

特に同社が得意とするのが「商品の顔」ともいえる外装パーツだ。消費者の目に直接触れ、商品価値に直結する部分だけに、些細なキズも許されない。厳しい品質条件を長年守り続けた経験は同社の技術を着実に高めた。「1世紀にわたって顧客ニーズにきめ細かく応える技術商品を開発し続け、プラスチック成形はもちろん、デザイン、金型製作、塗装、印刷や加飾などの仕上げ、アッセンブリーまで手がける一貫生産体制を築き上げました。当社の大きな強みです」

そう語る山口徹は4代目。同社のルーツは、山口の曾祖父が1914（大正3）年に、商都・大阪のどまんなか、船場で起こした個人事業だ。最初は、自らの腕だけを頼りに金属看板や門標をつくる小さな〝商い〟だった。第二次世界大戦で休業を余儀なくされるが、戦後、長男が2代目として事業を再開。ほどなくガラス板に写真を焼き付ける独自技術を開発する。

これが松下電器産業（現パナソニック）のラジオの目盛板に採用されたことから、家電部品の素材と技術の開発に力を注ぐようになる。時は昭和20年代。黎明期のプラスチック成形加工にも果敢にチャレンジし、「攻め」の姿勢で業容を拡大。現在のダイメイの基礎をつくった。

1951年には社運をかけて高価な射出成形機を導入し、スチロール樹脂を使った高速成形法をいち早く完成させている。また、テレビ放送が始まって間もない1955年には、テレビの前面をカバーする「ブラウン管マスク」の射出成形に世界で初めて成功。精密なスリットや曲面を含む複雑な立体モデルを一発成形した画期的な製品は、まさに時代の先端を走る同社の姿勢を象徴するものだろう。その後も事業は拡大の一途をたどり、1978年にはダイメイプラスチックシンガポールを設立。成形メーカーの海外進出の先駆けになった。

その後、3代目として1988年に跡を継いだ山口の父は、より付加価値の高い製品づくりを目指して金型部門を設立し、一貫生産体制をつくり上げた。合わせて塗装や印刷などの加工技術も磨き「家電の外装部品のスペシャリスト」の地位を固めたのは先代の功績だ。

新たなる主力事業を求めて、家電から自動車への挑戦

その先代からオファーを受けて、山口がダイメイに入社したのは2004年6月のことだ。しかし、父はわずか半年後に病に倒れ、ほとんど引き継ぎ期間のないまま翌年2月に世を去ってしまう。突然の継承だったが、山口の行動は速かった。家電の陰で手薄になっていたアミューズメント機器関連の営業を強化すると同時に、これまで全く実績のなかった自動車業界にアプローチ。九州の製造シーンにチャンスがあると見るや、大分に自動車部品専用工場を立ち上げたのだ。「経営は順調でしたが、私には危機感がありました。父の代で技術が大きく進歩したのに、アピール不足で顧客が固定化してしまっている。新しい柱をつくる必要がありました」

事実、当時は売り上げの約8割を家電メーカー1社に依存していた。そこで山口が目をつけ

（右上）現在も大阪銘板の会社名として引き継がれる銘板事業で、1914（大正3）年に創業。（左上）1955年、世界最初のテレビブラウン管マスク射出成形に成功。（左下）自動車業界向け製品開発を担う大分工場を2006年に開設

たのが、前職の半導体メーカーでつながりの深かった自動車業界だ。しかしそれはタフなチャレンジだった。自動車業界の品質管理の考え方は独特だ。会社の財務状態の健全性に始まり、製造にまつわる全プロセスにロジカルな仕組みが求められるのだ。設備、教育、手順の一つひとつに厳しいチェックを受け、生産体制をゼロから構築することになった。しかし、苦労に見合う成果はあった。10年を経た現在、自動車関連事業の売り上げは、全社の45%を占めるまでに成長したのだ。

「先代の急逝は不幸な出来事でしたが、そのおかげで、社員は皆『新社長を支えないと会社がダメになる』と思ってくれたのでしょう。一丸となって私の決断を支えてくれたのは幸運でした。もし先代が健在だったら、自動車部品工場をつくるなんて言ったら猛反対されたかもしれません。しか

し、大切なのは決断後にどう行動するかです。成功の要因は〝正しい決断〟ではなく、下した決断を信じて成功に導く執念にこそある。100％正しい決断なんてあり得ないんですから」

かつて独自の技術を武器に家電業界に食い込み、大胆な投資で確固たる地位を築いた自社の成功メソッドにならえば、このチャレンジはいかにもダイメイらしい。幼いころから身近で祖父、父の経営を見てきた山口ならではの決断だったともいえる。同時に、トップ自らの挑戦が、社内に蔓延しかけていた「変化を望まない空気」を一掃し、「時代とともに変革するダイメイらしさ」を取り戻す契機になったことは、何より大きな収穫といえるだろう。

100周年の節目を機に、一人ひとりにダイメイらしさを浸透

BtoCビジネスの模索も始まった。ダイメイには、2002年に先代が開発したカスタマー向けの自社商品がある。浴室で使えるスリッパ型足裏洗浄ブラシ「ヘルシーフットウォッシャー」だ。見た目はファンシー雑貨のようにカラフルだが、表面に足裏を洗浄する無数の突起、裏面に浴室の床に固定するための吸盤がびっしりついた形状は複雑で、金型が自社製だからこそ実現したオリジナル商品だ。これまで量販店向けに細々と販売していたが、数年前にテコ入れのために特販チームを結成。「daimei」ブランドを冠してネットを中心に販路を再構築したところ売れ行きは好調で、この商品を足場に新しい市場を開拓できる可能性が見えてきた。

こうして迎えた１００周年という大きな節目を、山口は理念をあらためて社内に浸透させる貴重なチャンスとして活用している。まず、行動指針「ダイメイクレド」を制定。月２回のペースで「トップメッセージ」を発信するなど、トップ自ら理念を語る機会も増やした。

「常に変化する環境の中でビジネスを成長させることは、下りのエスカレーターを上ることに似ています。歩みを止めた瞬間にズルズルと落ちていく。成長するためには、常に環境変化を上回るスピードを保たなくてはいけないのです」

〝常に改善、開発を進め、技術商品の持続的創造に徹する〟〝弾力的経営体制に徹し、硬直化体質にならぬ〟という、代々守られてきた理念を礎にした１００年企業の挑戦は続く。

Profile

山口 徹（やまぐち とおる）

1969年、大阪府出身。1993年に同志社大学大学院工学研究科修了後、電器メーカーを経て日本フィリップス半導体事業部（現NXPセミコンダクターズ）に入社。主に自動車業界の新規ビジネス立ち上げや商品の共同開発に携わる。2004年6月大阪銘板に入社、2005年代表取締役社長に就任。

大阪銘板株式会社

〒577-0005
大阪府東大阪市七軒家18-15
☎06-6745-6309
創業　1914（大正3）年
事業内容　高品位なプラスチック製品の設計～金型製作～試作～量産(成形・二次加工)
http://www.daimei.jp/

創業67年

ネポン

3代目

代表取締役社長 福田晴久

熱ポンプメーカーから農業のトータル支援事業へ 新しい価値を生み出し続けることが継続の条件

創業は1948年。茨城県日立市で、アイデアマンであった創業者が、日本で初めて製氷と給湯を行う熱ポンプ設備を完成した。社名は「熱ポンプ」に由来する。1964年に施設園芸用温風暖房機「ハウスカオンキ」を開発・発売、これが爆発的なヒットになり、同社の成長を支えてきた。誠実さをモットーに事業展開してきたが、環境の変化に合わせて新しい価値創造に挑戦。農業ICTクラウドサービスを立ち上げ、事業の継続を図っている。

「価値は陳腐化するもの。新しい価値をお客さまに提供できなくなった瞬間に、会社の存在意義はなくなると考えています」。そう語るのは、創業家3代目の福田晴久である。

創業者は東大工学部を卒業後に日立製作所に入社、機械の設計・製作に従事していたが、夫人の助言もあって日立工場内に用地を借りて独立し、ヒートポンプ方式の製氷工場と浴場を建設。1948年に東京都世田谷区に熱ポンプ工業を設立、これがネポンの前身となった。

後の主要製品となる「ハウスカオンキ」の誕生は、意外なアイデアがきっかけだった。

熱風炉の天地を逆にして床面に置き、農業界へ進出する

1964年、高知県でハウス用の暖房機製作の話があった。前年開発したヒートップ（天井吊り下げ型温風暖房機）をもとに売り込みを図ったが、なかなか話に乗ってこない。そこで天地を逆にして床面に置けばそのまま利用できることに着目し、一般の熱風炉の半分の原価で製作できるように設計すると、これが受けた。

1965年に第1号機が高知県のビニールハウス（ピーマン栽培）に納入され、成果が確認されて、農業界への本格的な進出が始まったのだ。同年には、全農（全国農業協同組合連合会）と販売契約を結び、農協組織を通じて全国に販売するルートを開拓、ハウスカオンキは一挙に全国に普及し始めた。

「ハウスカオンキの成功は、それまでの建築関係の設備機器を、農家のニーズに合わせて転換、文字通り天地を逆さまにして、新しい価値を生み出したことにあります。当初の熱ポンプ設備も、一つのアイデアから新しい価値を生み出したもの。従来の仕組みを利用しながら、新しい

価値をつくりだすことは、当社のＤＮＡなのかもしれません」

ハウスカオンキは「壊れない」「さびない」「熱交換率が高い」と評判になり、ハウス栽培の普及に合わせて、本格的に販売が拡大した。

その一方で、他分野への進出も目指し、１９６９年に〝夢の無臭トイレ〟として泡洗便器を開発、「パールトイレ」の商品名で売り出した。観光地や工事現場など、下水道設備がない場所向けのユニークな簡易水洗トイレで、水ではなく「ネポン液」で便器の汚物を流す仕組みである。今も富士山の測候所や青函トンネル内に設置されている。

この商品もヒットして、東証二部上場を下支えするほどの売り上げがあった。70年代にオイルショックで燃料の原油が高騰、ハウスカオンキの市場が収縮して一時的に危険水域に近づいた時期も、そのダメージを回避するのに役立ったという。だが簡易水洗トイレ業界の競争が激化したこともあり、現在の事業シェアは10％ほどに落ち着いている。

成功体験から抜け出し新しい価値を生み出す

ハウスカオンキのピークは80年代後半だった。当時は、ミカン栽培農家が輸入自由化に対抗するため、温室栽培に積極的に設備投資するようになって需要が急進。１９９１年の決算は過去最高値となった。だがその年を境に、売り上げは下降線をたどる。

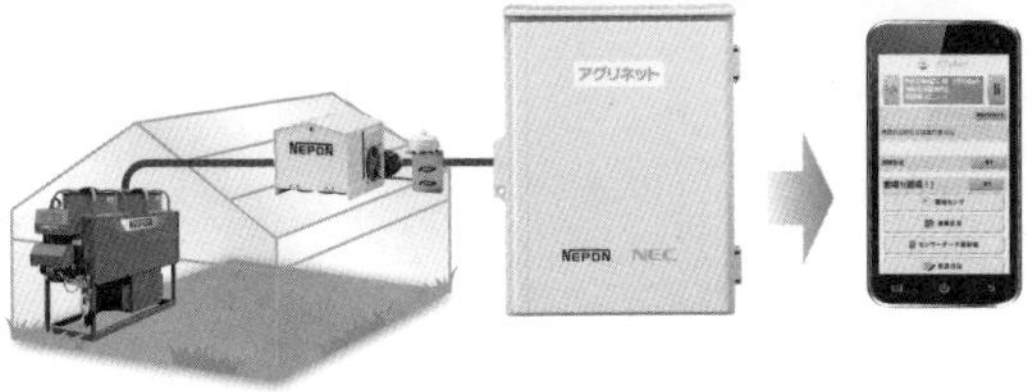

（右上）初代ハウスカオンキHK-300型、1964（昭和39）年12月製造。（左上）ネポン厚木事業所。1968年4月22日開設、総面積79,000㎡。（左下）ハウス環境の「見える化」を実現するアグリネット

「ピークを１００とすれば、毎年5くらいずつ落ちて、民主党政権が終わるころまで落ち続けた。１００が50になるくらい落ちると想定したが、実際はそれ以上に落ちた」と福田は振り返る。

「なぜ売り上げが落ちたのか？　市場の収縮は確かに要因の一つですが、それよりもハウスカオンキの成功体験から我々自身が抜け出せなかったこと。新しい価値をお客さまに提供できていなかったことが、そもそもの問題だったんです」

社長就任後、福田は２０１２年からクラウドサービスを利用した「アグリネット」の事業展開を本格的にスタートした。アグリネットとは、スイッチのオンオフやトラブル対応をスマホなどで遠隔操作できる、ハウス内部の統合制御システム。

「一言でいえば、これまで農家の方が〝勘〟でやってきた部分を、データを蓄積して〝見える化〟し、

ハウス環境を最適化するサービスです。例えば美味しいトマトを栽培し、それを最適なタイミングで出荷するには、ハウス内の温度、湿度、炭酸ガス濃度、日射量などさまざまな要素を、その地域の土壌成分や日々の気象条件に合わせて、細かくコントロールしていく必要があります。その職人的な制御を、あらかじめ蓄積したデータによって効率的に再現するのです」

アグリネット事業の背景には、国内農家の高い技術やノウハウを伝承していきたいという思いもあった。「私たちの仕事は、農家のために何をどう貢献できるかを考えること。今後は製品を売るだけでなく、施設園芸をトータルで支援する仕組みづくりをしていきたいのです」

福田は当初、農業ビジネスにさほど関心がなかったという。ところが、全国の取引先の農家を回るうちに、それぞれに個性を持つ農家の人たちの多様性に驚き、作業の大胆さと細やかさに魅了され、農業に携わる仕事が俄然面白くなった。「全く同じ作物は二度とつくれない。解明できないことが多いから探求する価値があるし、だからこそビジネスになると思ったのです」。異業種への参入は人的にも難しい。ならば得意としている農業の分野で、さらなる価値を生み出すほうが勝機があると考えたのだ。

同社のコアコンピタンスは、農家に対して誠実に対応することにあるという。

「ハウスカオンキは一度止まってしまうと被害が大きい。例えば胡蝶蘭など、機械が止まって温度が下がり、ハウスの中で花が全部咲いてしまうと、これまでの丹精がすべて水の泡になってしまう。そのため不具合や故障があると、すぐに駆けつけて対応した。そうしたコミュニケーションの積み重ねで、農家から信頼を得てきたのです」と福田は説明する。

同社の社風は「人のよさ」だという。「馬鹿正直といえるほど、社員は人がよい。お客さまを裏切らない、困ったら助けにいく。人のよさとイノベーションは両立が難しいのですが、人のよさを生かすビジネスで価値を生み出せれば、もっと強くなれるはず」

アジアで人気の日本の高付加価値の農作物づくりを支えるため、2015年1月にはタイに現地法人も設立した。熱ポンプ事業から農業のトータル支援事業へ、市場は海外へも広がる。ネポンの歴史は、価値を生み出し続けながら事業を継承していく歴史である。

■Profile■

福田晴久（ふくだ はるひさ）

1971年、東京都出身。慶應義塾大学大学院理工学研究科修了。大手電機メーカーを経て、2000年ネポンに入社。2006年、35歳で代表取締役社長に就任。

ネポン株式会社

〒150-0002
東京都渋谷区渋谷1-4-2
☎03-3409-3131
創業　1948（昭和23）年
事業内容　農用機器（ハウス用温風暖房機、ヒートポンプ等）、汎用機器（ビル・工場用温風暖房機、温水ボイラ等）、衛生機器（簡易水洗トイレ等）の製造・販売、建築関連工事の設計・施工
http://www.nepon.co.jp/

「企業の永続性を学ぶ」インタビュー①　加賀屋　相談役　小田禎彦

働く人が幸せでないと、お客さまを幸せにできない　そのための環境をどうつくっていくかが永続性の原点

「日本一の旅館は？」そう聞かれた時、ほぼ誰もが最初に思い浮かべるのが、石川県和倉温泉「加賀屋」の名前ではないだろうか。旅行新聞新社が主催する「プロが選ぶ日本のホテル・旅館100選」では、これまで35年間連続で、堂々の総合1位を獲得。その存在感は圧倒的なものがある。

一般に企業生存率は、30年後0・1％にも満たないと言われる。ゆえに35年会社が存続するだけでも特筆ものなのだが、加賀屋はその間ずっと変わらず、ナンバーワンブランドを維持し続けているのだ。

その強さの原点には何があるのだろうか。小田禎彦相談役を訪ねて話を聞いた。

加賀屋の創業は1906（明治39）年、小田與吉郎が和倉温泉の地に、12室30名収容の旅館を立ち上げたことに端を成す。1958（昭和33）年、昭和天皇・皇后両陛下が能登視察の際には定泊の場になるなど、その評判は着実に広がり、一方で「能登客殿」「能登本陣」などと施設を次々に拡充。当地を代表する旅館として大きな存在感を誇っていくことになる。

前記した「プロが選ぶ日本のホテル・旅館100選」で、はじめて1位を獲得したのは1981年のこと。加賀屋の代名詞でもある「能登渚亭」の完成とほぼ時を同じくする。

このランキングは、旅行業関係者などの「プロ」が選定するもので、以下四つの項目[*1]で審査される。①もてなし部門（もてなしや心配り、対応、案内、清潔さなど）、②料理部門（献立や配膳、器、味、質、量など）、③施設部門（設備や機能などハード面を重点に安全性と快適性など）、④企画部門（旅館の特徴づくりと総合演出、企画商品、商品開発など）。加賀屋はこのトータルの評価で、35年間1位を守り続けていることになる。

「かゆいところに手が届くサービス」こそ長年守り抜いてきた伝統

加賀屋の魅力を表す言葉として、クローズアップされるのが「ホスピタリティ」「おもてなしのこころ」など、サービスの品質の高さであろう。さまざまな取り組みの事例や、原点にある思いは、多くのメディアや書籍でも紹介され、他の旅館の接客の手本にもなってきた。

＊1 四つの項目　「プロが選ぶ日本のホテル・旅館100選」旬刊旅行新聞ホームページ参照

その中核にある価値観が、加賀屋グループ品質方針カードにも最初に記された「笑顔で気働き」という言葉。さらに、「サービスとは」「サービスの本質」それぞれの言葉も定義され、全社員が日々の業務にのぞむ基本姿勢が共有されている。

「気働き」というのは、「動作を見て、会話をして、お客さまが何を目的に来られたか察して、お客さまのために尽くす」ことを指す。「加賀屋にお越しになるお客さまの、それぞれの目的や期待、それらをどう読み取り、『かゆいところに手が届くサービス』として、私たちが提供していけるかどうかが大切です」と小田相談役は語る。

多くの場合、感動はサプライズから生まれるもの。誰もが思い浮かべうる想像を、どう超えていくかが基準になる。特に加賀屋は、ほとんどの宿泊客が「日本一」の称号に魅かれてくるわけで、その高い期待をさらに超えなければいけない宿命を背負う。

ここで重要になるのは、やはり人材力だ。相談役も「サービス業の資本は人財、人こそ資産です」と力説する。旅館は労働集約型ビジネスの典型。働く人の人間力こそが競争優位性になるからだ。

■加賀屋グループ品質方針

「笑顔で気働き」人に喜ばれてこそ会社は成長します

■サービスとは

プロとして訓練された社員が、給料を頂いてお客さまのために
正確にお役に立って、お客さまから感激と満足感を引き出すこと

■サービスの本質

正確性……当たり前のことを当たり前に

ホスピタリティ……お客さまの立場に立って

ホスピタリティは、属人的な部分が大きい。そのため個人商店であれば、店主1人の資質や努力で、評判はよくも悪くも変えることができる。しかし加賀屋は、社員800名にもなる大所帯だ。ホスピタリティの高い一部のカリスマだけで、全体の質を保てるものではない。この規模の中で、ナンバーワンの品質を維持してきたことが、何よりも大きな驚きといえよう。

働く人の健康、安心、やりがいを、仕組みでバックアップする

「働く人が幸せでないと、お客さまを幸せにできない」。この考え方が、加賀屋ならではの強さを生み出すすべての基点になる。そしてその姿勢を、積極的な環境整備で仕組みにしてきた。

代表的な取り組みは大きく二つ、自動搬送システムとカンガルーハウスの設置が挙げられる。

前者は、客室の近くまで料理を運ぶハイテクの自動搬送システムのこと。この導入で、客室係の負担は大きく軽減された。しかし真に実現したかったことは、省力化でも人件費削減でもない。客室係がホスピタリティを最大限に発揮できる環境を整えることだった。

「客室係は、おもてなしを提供するのが仕事です。それなのに配膳ですでに疲れきってしまったら、本末転倒です」と相談役は説明する。「モノをA地点からB地点に『正確に早く』運ぶことは、機械のほうが明らかに得意です。それをお客さまの前に心を込めてお出しするのは、人にしかできない。それぞれ得意なほうに任せるべきだと思うのです」

搬送システムの導入は、30年以上も前。初期の投資は約7000万円にものぼる。この時代に一連の作業を「ヒューマンタッチとハイテク」に切り分け確立した、その先見性は目を見張るものがある。

一方、カンガルーハウスというのは、社員の子どもを預かる託児所のこと。8階建ての寮の一階に設置し、朝6時から夜11時半まで長時間にわたり開園している。これによって、朝番夜番いずれの勤務帯でも安心して、子どもを預け仕事に専念できる。

このように、「安心して健康的に」仕事に取り組める環境を、さらに経営陣の姿勢が後押しする。その代表例が、2007年3月に発生した能登半島地震の際の対応だ。加賀屋のある七尾市は震度6強にもなり、建物は復旧のめどが立たないほどに損傷。キャンセルが相次ぎ損害は甚大なものになった。働く社員は、当然先行きの不安に駆られたはずだが、加賀屋はすぐに「全員そのまま雇用。給料も払う」という方針を打ち出した。そして復旧までの間を研修期間にあてた。この一連の対応で、誰もがみな「ここなら安心して長く働ける」という思いを強めたことは想像に難くない。

(右) 客室近くまで料理を運ぶ自動搬送システムを館内にくまなく設置。(左) 8階建ての寮に併設された託児所「カンガルーハウス」

サービスの質を上げるための具体的な取り組みとしては、宿泊客の約8%が回答を寄せるというアンケートがある。枚数はなんと年間2万5000枚。これらを、タテ・ヨコ・ナナメさまざまな切り口から分析し、日々改善にあたっている。

また選抜された社員に、米国2週間の研修などを通じて、「自分たちもお客さまになる経験」を積極的に提供している。「現代は情報が満ちあふれ、国民総評論家時代。お客さまのほうが幅広い知識や経験を持っていたりします。その中で、もてなす側が日常の仕事に追われてばかりでは、お客さまのニーズの進化に応えられなくなります。『視野を変えることで、自分たちがしないといけないことが見えてくる』、そんな場を定期的につくっていくことも重要な研修です」

このようなさまざまなバックアップと、日本一の称号。これらが社員の自負と意欲を高めていく。例えば、「加賀屋では社員がそれぞれ行動や姿勢が指針にあっているのか確認し、そうではない場合お互いに諌めあう文化がある」という。

「もちろんプライドの持ち方を勘違いして、『泊めてやる』などという姿勢になってしまったら元も子もありません。ですからいつも『日本一は自分から言うものではない』とみなには伝えています。お客さまをご案内する中で、より多くの情報を読み取り、おもてなしの工夫をし、その結果お帰りの時に、『加賀屋に来てよかった』とお客さまが喜ぶ笑顔を見ることができる。その体験の繰り返しで、気づきのエキスパートに育っていくのです」

日本が反映し続けるための柱は「ものづくり」そして「おもてなしの文化」

加賀屋が提供するサービスのもう一つの核に、地域の文化体験がある。館内には、九谷焼、輪島塗、大樋焼、加賀友禅、金箔をはじめ、石川県が誇る、さまざまな伝統産品を展示し、「館内は美術館ツアー」も組まれ人気を博している。

「観光という言葉は、易経の『国の光を観る』が語源です。そして国の光とは、その地ならではの伝統や文化のこと。私たちは、まさに観光の根源に立ち返り、多くの方に、この地ならではの文化の素晴らしさを発信していきたいのです」

そう語る相談役の思いの中には、単に旅館のサービスの充実としてだけでなく、「日本各地の文化が平準化し、地域それぞれの魅力が埋没しつつある」そんな危機感も強くある。その解決策を考えたとき、旅館は、地域や文化を発信し共有する最適な器だと考えたのだ。

またこのツアーは別のメリットもあった。「人前で話すのが苦手な人、美術のことを詳しくない人までもが、積極的に『チャレンジしたい』と手を挙げる機会が増え、必死に勉強する。組織のモチベーション向上や、社員の大きな成長の場にもなった」というのだ。

２０１０年12月、加賀屋は台湾に「日勝生加賀屋」をオープンした。これまで培ってきた、施設、仕組み、ホスピタリティなど、「日本のおもてなし文化」を丸ごと輸出した施設である。

＊２ べたべたサービス　滞在中 10 回は室内にお茶を持参するなど、絶えず宿泊客に寄り添い、こまめなサービスを手がけるイメージを表す言葉

そもそも台湾進出は、加賀屋を訪れる台湾からの宿泊客が非常に多かったことが根底にある。そして今、海外に拠点を構え、あらためて「おもてなしの概念は世界で通用する」手ごたえを感じているという。そして「日本がこれからも反映を続けるための大きな柱は、一つには『ものづくり』、そして『おもてなしの文化』である」ということも。

「とはいえ、時代はめまぐるしく動いています。例えば、今では『食べきれないほどのご馳走』は『もったいない』と評されます。私たちのサービスのウリだった『べたべたサービス』*2も、少しずつ社会の価値観とずれが生じたりします。多様化、個性化、高度化が進み、『十人十色』の時代から、さらに『一人十色』の時代へ。その中で、私たちもその変化を機敏に感じ、過去の成功体験から切り替え進化し続けることが問われているのです」

加賀屋 相談役

小田禎彦《おださだひこ》

1940年、石川県出身。立教大学経済学部卒。1962年に加賀屋に入社。専務取締役、代表取締役社長、代表取締役会長を経て、2014年4月より相談役に。石川県観光連盟理事長、能登半島広域観光協会理事長、七尾商工会議所特別顧問などの公職を歴任する。七尾市と姉妹提携しているアメリカ・モントレー市では4月28日を『小田禎彦の日』として制定している。

加賀屋

石川県七尾市和倉温泉に建造された、地上20階、約1,450名の収容人員を持つ全国最大級の旅館。姉妹旅館として「茶寮の宿 あえの風」（和倉温泉）を運営するほか、東京・大阪・名古屋・博多などに料亭を9店舗展開する
http://www.kagaya.co.jp/

創業143年

日比谷花壇

花が存在するシーンを「コト」として捉え、お客さまの人生と「とも」にあり続ける会社へ

3代目

代表取締役社長 宮島浩彰

誕生日や結婚式などのライフイベントに、大切な人への記念日の贈り物に、人生の節目節目で花はそのシーンに彩りを添え、思い出をより特別なものにする。フラワービジネスの第一人者である日比谷花壇は、花を扱える強みを生かして、花そのものの販売だけでなく、長い歴史の中で培ってきた技術や経験、高いホスピタリティと幅広いネットワークとともに、人々の暮らしに、そして社会にさまざまな感動や感激を提供してきた。

「感動を伝え、人の心と心を結びつけることができる商品」。日比谷花壇の3代目社長である宮島浩彰は、花が持つ魅力をこのように表現する。「花はそこに存在するだけで価値があるもの。その価値をどう生かしお客さまに喜んでもらえるかが私たちの使命」と言葉を続ける。

同社の創業は1872（明治5）年、葛飾区堀切の地で庭園業として始動する。その後、ブライダルブーケを日本で初めて紹介したり、披露宴での花束贈呈のシーンを発案したりするなど、ライフイベントを花で彩るカルチャーを次々に生み出し、つくり上げていった。

第一人者としての今の原点は、戦後間もなく東京がまだ焼け野原だったころ。マッカーサーの意を汲んだ東京都知事からの要請で、日比谷公園に本格的なフラワーショップを開いたことにある。同社の社名もこの時に用意され、「日比谷花壇の歩みが、日本のフラワービジネスの歴史そのもの」というべき立ち位置を確立していく。

「『人がやらないようなことをやらなきゃ』というのが祖父の口癖だった」と、宮島は振り返る。同時に「誠実さが大事だ」ということも。「伝統を受け継ぐということは、先人たちの知恵や思い、これらをしっかり前向きに受け止めること。その上で、思いのレベルはそのままに、時代のニーズや変化に合わせ、高い発揮能力に変えていくことではないでしょうか」

例えばそれは、「花を単なる『モノ』として見るのではなく、花が存在するシーンを『コト』として捉える」という、宮島の持論にも投影される。「創業時はまだ花自体が珍しく、扱えるだけで価値がありましたが、今は誰でも手軽に花を入手できます。花という『モノ』だけで勝負する時代ではありません。ですから、私たちの武器である、花を扱うことができる強みを生かし、社会のニーズに応え、花を通じて感動のシーンを演出できる存在でありたいのです」

しかしその思いは「先代も先々代も一緒だったはず」と宮島は言う。これまでの積み重ねやシステム力などを武器に、より高いレベルでニーズに応えられるようになったのが今のカタチであり、見え方が違うだけで、本質は同じなのだ。

顧客第一志向であることが、花が持つ可能性を広げていく

「お客さま第一主義」も、同社に長く受け継がれてきた重要なキーワードだ。その言葉自体は、どの会社も掲げる言い古されたものではあるが、宮島は「それは『お客さまに育てていただいている』という感覚でしょうか」と、もう少し踏み込んだ表現をする。

「社長に就任して最初に力を入れたのが、お客さまからのお叱りの声を社内で共有できるようにすることでした。『怒らないから、お叱りを正直にイントラネットに上げろ』と」

当初こそ社内にはためらいがあったが、最近はほぼ全件上がってくるようになったという。そしてその積み重ねが、未来への大きな財産に育ちつつある。

「お客さまの声に応えようと真剣に向き合うことで、多くの改善のヒントや、ビジネスチャンスが生まれます。社内だけでは考えつかないような付加価値を発見できたりもします。お客さまを大切に思う気持ちが強いからこそ、多くのチャレンジを生み出し、事業を育てていくことができるのです」

（右上）日比谷花壇の原点である、日比谷公園店の1965（昭和40）年ころの外観。（左上）現在の日比谷公園店外観。（左下）「日比谷花壇のお葬式」では、悲しみだけに終わらせず笑顔が生まれるようなお葬式を目指している

〝Life Time Association〟。同社は自らのあり方を、こう表現する。「誕生から、結婚、エンディングまで、お客さまの人生によりそってその喜怒哀楽をともにできる会社でありたい。誕生から最期の時までの人生の中で〝花〟を通じてお客さまと接点を持ち続けられるノウハウ、コンテンツを生かして、お客さまと〝とも〟にあり続けたい」

その〝とも〟は、会社と社員の関係も同じ。同社では社員のことを「ともに働く仲間」という意味を込めて「アソシエイト」と呼ぶという。

そこには、「共通の目的や関心を持つ人々が、自発的につくる集団や組織であること」への強い期待もある。「お客さまのためにあり続けるには受け身ではダメ。積極的に感情移入して、お客さまの中に自分も入り込んで価値を提供できるようになっていくことが重要なのです」

葬儀、ギフト事業、地域創生など、新たなビジネスを積極的に立ち上げ

日比谷花壇が今、力を入れている事業の一つに、葬儀事業がある。2004年にスタートし、今では年間600件ほどの受注を獲得するなど、着実に業績を伸ばしてきた。

その強さの秘訣は、花の調達力や高いデザイン力を生かした、クオリティの高い花祭壇の提案ができること。病院へのお迎えから、式の進行・管理、アフターフォローまでをワンストップで行う総合力。そして、すべての根底に流れる「顧客第一志向」がそれらを後押しする。

「日ごろお葬式をしないような旧館をお借りしたり、より多くの人が同時に故人を偲べるように、お棺を中央に置き、360度囲める工夫を凝らしたり。お客さまと直接丁寧に語らう中で、みなさまの心に残るシーンをつくりだすことに力を注いでいます」と宮島は説明する。

もう一つ、同社の今後の中核になるであろうビジネスが、ギフト事業だ。ここでは、インターネット黎明期から取り組んできたECの豊富なノウハウ、サプライチェーン管理や出入荷管理など、積極的なIT投資に裏打ちされた物流網が大きな武器になる。

「人と人とのコミュニケーションを深めるためのアイテムとして、花とSNSなどのネットの仕組みは非常に親和性が高い」ことも大きな強みで、花にとどまらない、総合ギフトプラットフォームを現在構築中だ。すでに幅広い分野からの協業依頼が寄せられているという。

ほかにも、産地支援を軸とした地域創生ビジネスなど、同社の新規事業は多い。それを可能にするのが、プロジェクトごとに形成される部署横断のチームの存在だ。「目先の仕事だけでなく、その先にある社会のニーズにどう目を向けるかを考えた時、このやり方が最適だった。新たなプロジェクトをスピーディに回すためには縦割りの組織では無理。よい意味の曖昧さを保ちつつ、縦・横二軸で数値管理をするなど、10年かけてカタチにしてきました」と宮島は語る。
「経営には『鷹の目』と『蟻の目』が必要ですが、今は『鷹の目』が重要な時だと考えています。私たちが持つ大きな可能性をみなそれぞれがしっかり捉え、高い起業意識と『人がやらないような』着眼点を持ち、魅力的な事業をつくりだしていく会社にしていきたいですね」

Profile

宮島浩彰（みやじま ひろあき）

1968年、東京都出身。青山学院大学卒。大手不動産会社などを経て、1997年日比谷花壇に入社、取締役に就任。経営企画、EC事業構築などを経て、2000年代表取締役社長に就任。

株式会社日比谷花壇

〒106-8587
東京都港区南麻布1-6-30
☎03-5444-8700
創業　1872（明治5）年
事業内容　ウエディング装花事業、ショップ事業、EC事業、法人向けフラワー事業、フューネラル事業、生活支援・高齢者福祉事業等
http://www.hibiya.co.jp/

創業101年

鉄道機器

大切なのはインフラを裏で支えるという使命感 鉄道の安全安心のため、品質と技術を継承

4代目

代表取締役社長 吉田 晃

1914（大正3）年に創業し、分岐器一筋に積み重ねてきた歴史は100年以上。創業当時の鉄道院に始まり、鉄道省、日本国有鉄道、JRさらに私鉄各社と、時代の変遷そして顧客の広がりの中、変わらず愚直に、鉄道輸送のインフラづくりに努めてきた鉄道機器。長い歴史を受け継いできた企業だからこそ培われた熟練やチームワークが、「社会を支える」「人の命を預かる」社員一人ひとりの責任感と高い技術力をつくりだしている。

通勤や通学など毎日の生活の足として、ビジネスや観光の移動手段として、さらには物資を運ぶ輸送手段として、社会にとってなくてはならない重要なインフラとして進化してきた鉄道。中でも日本は、世界でも極めて高度な運行管理を実現している国であり、列車が安全に正確

に走ることはごく当たり前と思い込みがちだ。その裏にさまざまなプロフェッショナルの技術や、最先端のシステムがあることに、思いを巡らす人はなかなかいないだろう。

線路はまさにその象徴的存在の一つ。鉄道や車両に興味がある人でも、線路にまで関心を持ち、目を向けることがあるだろうか。安全な運行のために日々どれだけの労力が保線・保安に割かれているかを、想像する機会はほとんどないはずだ。

分岐器は、そんな線路の重要な構成要素である。あまり馴染みのない言葉だが、一つの線路を複数の方向に分岐させたり、逆に複数の線路をまとめたりするレール製の一連の装置のこと。実は誰もが日常的に目に触れているものだ。

「分岐器は線路の中でも一段とデリケートな存在」。そう語るのは、鉄道機器社長の吉田晃。「行き先に応じて開閉する構造（トングレール）があったり、線路に切れ目がある場所（クロッシング）があったり、イレギュラーな要素がたくさんあるからです。さらに列車が方向を変える場所であるため、レールに負荷がかかりやすい特徴も持っています」

その分岐器の上を通常の線路同様毎日多くの列車が走りぬける。中には中央線の東京駅のように、1日に数百回も分岐器が転換を繰り返す箇所もある。分岐器に求められる精度や品質が非常に高水準になることは容易に想定されるだろう。「このような、列車の運行の安心・安全を支える重要な装置をつくっているという責任感こそが、当社のＤＮＡです」と吉田は胸を張る。

シンプルな見た目の中に独自の技術やこだわりが多数

日本に鉄道が初めて通ったのは新橋〜横浜間、1872（明治5）年のことだった。その後、政府は北九州八幡の地に官営製鉄所を建造し、明治34年からレールの製造を開始。積極的に鉄道敷設を推し進めていった。これは国内の重工業推進のため、また日清・日露と続く戦争の中で、兵士や物資の輸送を円滑に行う必要にも迫られたからだという。同時に分岐器をはじめとする関連機器も、国内生産の命題が与えられた。そこで立ち上がったのが同社だった。

東京月島で創業し、機械信号機器、タブレット式閉塞機、鉄道分岐器の製作にあたった。第二次世界大戦の戦火が広がるようになり、富山県高岡の地に工場を移転。その後、現在まで増床改築を続け、敷地面積1万1000坪を超える多様な生産設備を兼ね備えた工場になった。

同社にとって一つの転機になったのが、国鉄の民営化だ。それまで国鉄からの仕事は、設計や仕様はすべて国鉄が決定、決められた形に忠実に製作にあたるのが常だった。しかしJRとして民営分社化し、企業体ごとに特色を出し合う中で、同社も幅広い対応力が求められるようになった。技術に対する要求水準も一段と上がり、提案力・技術力ともに、底上げしていく必要性が生まれた。

「分岐器の基本構造はずっと同じですから、傍から見ると違いや進化を感じないかもしれませ

（右上）東海道新幹線開業時、1963（昭和38）年に納品した分岐器。（左上）北陸新幹線富山駅に設置された分岐器（写真提供：独立行政法人　鉄道建設・運輸施設整備支援機構）。（左下）1946年に開設された鉄道機器富山工場、現在の全景

ん。でも分岐器は、実に多種多様。場所によって求められるものが少しずつ違うんです」

さらに「通過の音をもっと小さくしてほしい」「乗り心地をよくしてほしい」「メンテナンスの手間を減らしたい」など、求められるニーズは時代とともに増えてくる。フリーゲージ[＊1]や三線軌条[＊2]など、線路の構造も進化していく。「目立たない中にも、非常に多くのこだわりや技術が詰まっているんですよ」と、吉田は笑顔を見せる。

大事なのは役割分担。長く続けることに価値がある仕事

4代目である吉田は、「事業を継ぐという実感はあまりなかった」と、大手銀行で社会人生活をスタートする。「銀行の仕事は面白かった」と当時を振り返るが、その後インターネットが普及し、新

＊1　フリーゲージ　走行する軌間の幅に合わせて線路上を走行可能な電車（フリーゲージトレイン）に対応する部分。長崎新幹線などで採用予定

＊2　三線軌条　軌間の異なる車両を運転するために、通常１対２本のレールで構成される線路を、片側のレールを共通とし、対する２本のレールをそれぞれの軌間に応じて敷設したもの。北海道新幹線などで採用予定

たなビジネスが次々に社会に生まれていく中、「もともと自分で何かやりたかった」気持ちがふつふつと沸き上がっていく。そして同社の継承にその意欲を重ねた。

「華やかなようで銀行業も実は黒子。裏方として支えることが私には合っているのかもしれません。しかし当社の仕事には、銀行時代にはない醍醐味がありました。『自分たちでモノをつくる喜び』です。社会に必要とされるインフラをつくる仕事。このやりがいは大きいですね」

2015年3月14日に開通した北陸新幹線にも、鉄道機器の分岐器が採用されているが、この沿線には同社の富山工場がある。「自分たちが手がけた製品が、大きな注目を集める路線で使われ、それを間近に見ることができる。これはモチベーションが上がります。社員はみな、自らが関わっていた分岐器がどこに設置されているか知っていますから、その上を電車で通るたびに、自分の仕事を実感することができるんです。それってけっこうワクワクできるんですよ」

一方、インフラとしての重みについても言葉を重ねる。「鉄道は一度建設したら半永久に続くもの。多くの人の命を預かっているものです。設置した後『思っていたのと違った。やり直します』は絶対にできません」

大事なのは何よりも品質、そして技能を受け継いでいくこと。「一つひとつの分岐器がどんな改良を積み重ねてきたか。どんな課題を克服してきたか。それをどれだけ知っているか、それらにきちんと対応する能力があるかどうかだ」と吉田は説明する。「私たちは分岐器の製造をしていますが、工事や保守は別の会社が担当します。列車を運行する鉄道会社がシステム全体の安全を担保してくれます。みながそれぞれ知識や経験や技術を持ち寄り、高度な役割分担の中で安全をつくりだしていく。それがインフラビジネスなんです」

社内も同じ。重要なのはチームワークだという。「多く経験を積んだ人と、優れた技術を持つ人、それぞれが組み合わさることで仕事が円滑に進みます。経験を積むほどに自分自身の価値を高めていける、そういう仕事であることが当社の魅力であり武器なんです。最近は新幹線の海外展開も話題になっています。今まで培ってきた私たちの技術や経験、安全に対する責任感を拠り所に、世界を舞台に挑戦する機会も増えていきそうで、さらなる飛躍が必要と考えます」

Profile

吉田 晃（よしだ あきら）

1965年、東京都出身。慶應義塾大学経済学部卒。1989年日本興業銀行に入社し、1999年スタンフォード大学MBAを取得。2000年鉄道機器入社。常務取締役、専務取締役、取締役副社長を経て、2009年12月、代表取締役社長に就任。

鉄道機器株式会社

〒103-0027
東京都中央区日本橋2-3-6
☎03-3271-5341
創業　1914（大正3）年
事業内容　鉄道分岐器類、伸縮継目、接着絶縁レールなどの鉄道機器の製造
http://www.tetsudokiki.co.jp/

創業92年

佐田

取引先倒産、被災など「三度の桶狭間」を乗り越え若者向けオーダースーツという新たな市場を確立

4代目

代表取締役社長 佐田展隆

1923年に服飾雑貨卸商として創業し、その後オーダースーツの製造・販売に特化。以降約60年、オーダースーツ一筋にビジネスを展開してきた佐田。「年輩の富裕層が着るもの」「敷居が高い」といったイメージが残る業界で、「若者が手軽に買うことができる」価格設定と親しみやすさを武器に、新たな市場を創出中だ。しかし現在に至るまでは、「三度の桶狭間」と自ら語るほどに苦難の連続。その逆境を強い意志と使命感で乗り越えて、成長軌道に乗せた。

「日本のスーツ文化を再構築したい」。4代目の佐田展隆は、自らが手がけるオーダースーツ事業に込める思いを、このように表現する。

「子どものころから祖父と話す機会は多く、彼の事業にかける思いをたびたび聞いてきました。

そこで繰り返し出てきたのが〝おもてなしの心〟という言葉です。日本には〝一張羅〟という言葉がありますよね。戦後の日本人は生活が苦しい中でも、一着だけはよい服を持っていた。大事な場では必ず一張羅を着て人を出迎える。そういう姿勢を持っていたと言います。それは真摯に人に向き合うおもてなしの心であり、一方で『外国に負けないよい国をつくっていく』『自分自身ももっと誇れる人間になっていく』そんな強い意地も、その裏にあったはず。こういった先人たちの誇り、日本人としての気概が一着のスーツに込められていたこと。それを若い人たちに知ってほしい。私たちはそんな思いで今のビジネスを手がけているのです」

佐田の創業は1923（大正12）年、服飾雑貨卸商として始まった。その後、2代目である佐田の祖父が「和装の時代は終わる」と時代の流れを読み、新たなビジネスを模索。「今までの取引先のネットワークや仕入れ力が武器になる」と着眼したのがスーツだった。

「すでに社会にはスーツの需要が増え始めていました。そして生地の調達力には自信があった。これからウール素材はテーラー・仕立屋に売れる、そう考えたようです」。その後、自ら製造する道を選び、現在のオーダースーツメーカーとしての原点が確立される。

当時の事業モデルはOEMが主体。特に大手流通事業者向けのスーツ提供が大きな割合を占めていた。一方、街のテーラーも実は同社のようなOEM事業者に製造を委託していることが多く、もう一つの主要な取引先だった。

逆境続きの中でも、オーダースーツの市場の可能性を信じる

「大手流通向けのＯＥＭは、安定大量発注と引き換えに、薄利もしくは赤字で受注していることが多かったんです。工場の稼働率を高めるためにはそれでも仕方ないと半ばあきらめの状態でした」と、佐田は当時抱えていた課題を説明する。

それでも商品が効率的に回転していればよかったのだが、２０００年以降、主要取引先だった大手企業がバタバタと倒産する。中には売上高の３分の１を占める会社もあり、痛手は深刻だった。「連鎖倒産するのでは」との憶測も流れた。

その中で先代はあえて攻めに出た。岩手県、埼玉県にあった2工場を閉鎖し、国内は仙台工場のみに。そして中国・北京に新工場を建設し、生産拠点の中心を移すことを決断したのだ。ちょうどこのころ、佐田は先代から「会社を手伝ってほしい」と声をかけられ、入社を決めている。「社内にはたくさんの課題があったが、一方でオーダースーツにはまだまだたくさんの可能性があると感じることができた」と、当時を振り返る。

例えば既製服業界との比較。完成品をずらりと並べなくてはいけない量販店に比べて、「オーダースーツ店なら、極端に言えば生地見本と机と椅子さえあれば開業できる」。必然的に家賃は下がるし、出店準備も非常に短くてすむ。在庫処分という概念もない。

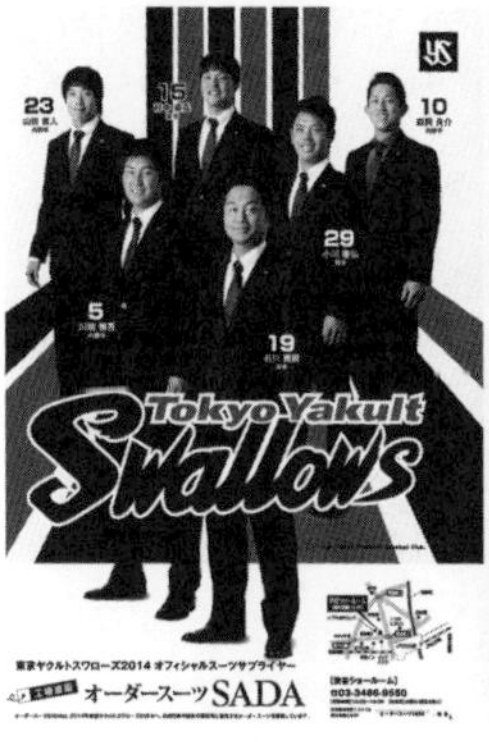

(右) 廃校の体育館でスタートしたオーダースーツ縫製工場。(中) 佐田羅紗店として家を再興した、2代目 (祖父)・茂司。(左) SADAが提供する東京ヤクルトスワローズ公式オーダースーツのポスター

「このように、販管費が大幅に抑えられ、工場の機械化も進んでいますから、既製服に負けない価格で提供することが可能なんです。同じ価格で、身体にぴったり合ったサイズのスーツを提供できるなら、こちらのほうがいいですよね。若者向けの低価格オーダースーツ、これはブルーオーシャン市場だと思ったのです」

そこで2004年、佐田は〝お試し価格1万9800円～〟という低価格を前面に打ち出し、インターネット上にショップを開く。さらに、直営販売店網の構築にも取り組んだ。

この目論みは当たり、現場の売り上げは着実に伸びていったが、銀行からの債務はまだまだ重く、有利子負債が月々の利益を圧迫している状態だった。そこで佐田は自家の自己破産、自らの進退と引き換えに、金融機関の債権放棄を実現する。

直営店舗の拡大と独自のプロモーションで3年連続増収増益を実現

2011年3月、東北に未曽有の大型地震が発生した。この時、同社の仙台工場が被災。取引先であるテーラーも多くが廃業し、新たな危機が降りかかってきた。そこで立て直しの切り札として、あらためて佐田が会社に呼ばれることになる。

社長に復帰した佐田が真っ先に取り組んだのが、直営店の拡大だった。「実は当初の店舗は、取引先のテーラーさんなどに配慮し、あまりよい立地に出していなかったんです。しかしもう背に腹は代えられないと状況を説明し、一等立地を狙っていくことにしました」

そして復帰わずか3カ月後には、「駅の乗降客数が世界一」の新宿に新店をオープン。その後も、渋谷など主要繁華街に出店する一方、立地に難があった店舗を移転させていった。

この効果はてきめんで、売り上げは急拡大。以降、3年連続増収増益を実現する。現在は、仙台・北京で年間12万着のスーツを生産し、国内32カ所そして北京に店舗網を構築。「さらなる成長への地固めはできてきた」の佐田の言葉には自信があふれる。

とはいえ、克服するべき課題もある。「オーダースーツに対しては、『高価格で敷居が高い』『知識や経験がないとつくれないのでは』『年配の方向けの商品なのではないか』などの負のイメージがまだつきまとっています。これらをすべて払拭していくのが、私たちの使命です」

その対策として、同社は最近サッカーなど、スポーツ選手へのスーツ提供に力を入れている。「みなさん足腰が鍛えられていますから、既製品ではとてもサイズが合いません。まさにオーダースーツが真価を発揮するシーンです。彼らを通じて、若い人たちにその魅力を伝えていきたいのです」と、佐田は取り組みを説明する。さらに着こなしの重要性について話を続ける。

「私たちがとったアンケートで、女性から見てダメなスーツ姿は、『サイズが合わない』がいちばんでした。デザインが悪いとか生地が安っぽいとかはその後。スーツが身体にフィットしているかどうかが、人のイメージに大きな影響を与えることがわかります。皆さんにはぜひ、自分の体型に合ったスーツを選び、自信を持った日々を過ごしてもらいたいと思っています」

Profile

佐田展隆（さだ のぶたか）

1974年、東京都出身。一橋大学経済学部卒業後、東レに入社。2003年佐田に入社。2005年代表取締役社長に就任。2008年社長を退任。2012年再び社長に就任。日本全国及び北京に32店舗を展開。ほか、楽天市場にオンラインショップを開店。

株式会社佐田

〒101-0032

東京都千代田区岩本町2-12-5 5F

☎03-5809-2536

創業　1923（大正12）年

事業内容　紳士・婦人オーダースーツの製造・卸・販売、オーダー制服・礼服の製造・卸・販売

http://www.ordersuit.info/

創業143年

ヤマセ村清

競うべきは既存の仲卸の枠組みの中ではないプロとして担うべき社会のニーズに対してだ

6代目

代表取締役社長　山崎祐嗣

築地市場において、しらすはいまやマグロに次ぐ大きなマーケットとなる人気商品だという。その市場の成長を早くから予見し、裾野の拡大に大きく寄与してきたのが、築地仲卸のヤマセ村清だ。塩干魚業会の会長を務め、業界の発展に尽力した先代の自負は、現社長にも受け継がれ、既存の枠組みにとらわれない、仲卸の次世代の姿をその先に見据えている。目前に控えた築地から豊洲への市場移転も、その新たなチャレンジへの絶好の機会と期待を高める。

美味しくて栄養価があり、老若男女誰からも愛される食べ物であるしらす。魚離れが進んでいると言われる昨今でも、人気は変わらず高く、マーケットも非常に堅調だ。

そのしらす取り扱いの第一人者であるヤマセ村清の歴史は、魚市場がまだ日本橋にあった1

40年以上前に遡る。当初は、切いかや干しスルメなどの、いわゆる塩干物の加工を主業とし、その後、築地に中央卸売市場が開設されたことを受けて、仲買の免許を取得。塩干物の販売業に転換し、佃煮の材料となる小女子《こうなご》や、煮干しなど取り扱いの幅を広げていく。

このころの同社の成長の基礎をつくってきたのは、「地方の市場や産地を大切にし、積極的に訪問してきたことです」と、6代目を継いだ山崎祐嗣は振り返る。各地を回って商品を集め、一方で当時はまだ珍しかった委託販売の方法で、地方市場に荷を届けていく。「産地があってこそ」「お客さまがいてこそ」という考え方は、当時から受け継がれてきた同社の基本姿勢だ。

1980年代になり、先代が目をつけたのがしらすだった。加工や保管の技術、流通の進化などで、塩分が少ないタイプや、ふんわりとした食感のシラスが商品化され、スーパーなどが売り場を拡大。ちょうど健康志向が高まってきたころでもあり、着実に家庭に浸透していった。

同社は必ずしも、しらすの業界のパイオニアではなかったが、「誠実で丁寧な商売」の積み重ねで信用を重ね、やがて築地の取り扱いトップシェアを得るまでになる。そして先代社長は、塩干魚業会の会長をはじめとする要職を歴任し、自社だけではなく業界のため、築地のために活動の裾野を広げ、誰もが一目置く存在として知られるようになった。

例えば、築地市場内の大きな立体駐車場の1階に設置されている、しらすの競り場。またその脇の入出荷用の保管倉庫。これはいずれも先代が都に働きかけてできたもの。「産地の人がせっかくよいものを持ってきてくれても、流通体制に不備があればそれは台無しになってしまう。そのために絶対必要だと関係者を説得したんです」

食べて触って匂いを嗅いでを日々繰り返し、しらすを習得

そんな先代の魅力や、自社の事業の可能性を、山崎は学生時代に強く実感する機会があった。それはしらすの産地の加工業者に住み込みで働きにいっていた時のこと。「先方は県で随一の生産者、私たちは築地でトップシェアを持っていた。日々プロとしての心構えを教わり、業界全体をよくしようと話をする中で、たびたび〝父親の凄さ〟が話題になりました。外部の客観的な目で自らを知ることで、求められることが少しずつ見えてきたのです」

そこで大学卒業と同時に入社を決意。毎日いちばん最初に来てシャッターをあげて商品の補充をして……の下働きを2年間続ける。その後しらすを担当することになり、前任者が体調を崩したことを契機に全面的に取引を任されることになる。

「毎日毎日しらすとにらめっこでした。産地の違いはもちろん、手当の仕方、湿度や気温の違いも味を左右する。365日毎日が全部違うって言っても過言ではない。全部食べて全部触って全部匂いを嗅いでの繰り返しで、感覚をつかむのに必死でした」と、当時を振り返る。

併行して社内のシステム化も進めた。「お恥ずかしい話ですが、それまで在庫管理という概念

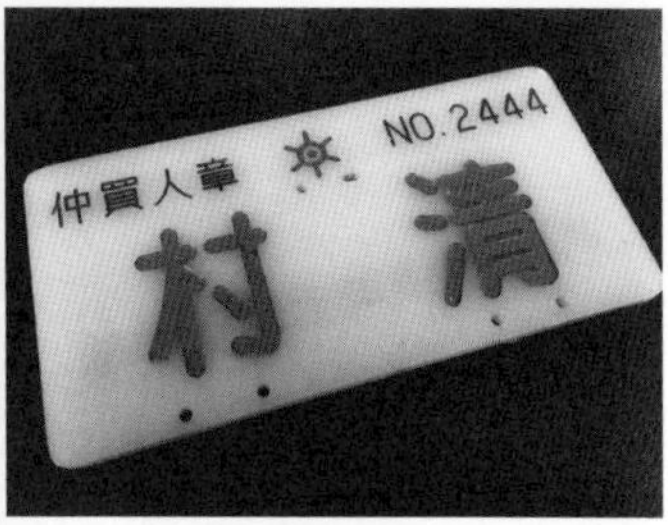

（右上）4代目のころの仲買人の鑑札。（左上）築地市場内の現在のヤマセ村清の店舗。（左下）しらすのせり場にて商品を見定める仲買人（中央右が山崎社長）

がなかったんです。いつどこから仕入れたものが、いついくらで売れたのか。それが追えていなかった。ちょうど東日本大震災後で、トレーサビリティの必要性が叫ばれるようになった時でもあり、業界に先駆けて本格的なシステムを導入することにしました」

慣れない仕事が増え、社内は右往左往することもあったが、先代はじめ古くからの幹部がみな協力的だったのに助けられたという。結果として「商品一つひとつの価値、お金の流れに皆がしっかり思いを巡らすようになった」と組織に大きな変化を導いた。

その後、社長就任は、先代の急な逝去で予想外に早く訪れた。「まだ若いのではないか」と危ぶむ声もあったが、山崎の覚悟は決まっていた。葬儀の時、関係者を前に会社の継承を宣言する。

築地から豊洲への市場移転を機に、試してみたいことはたくさんある

誠実な仕事を長く続けていくと、淘汰されたり勢いを失った同業の仕事が回ってくる、いわゆる残存者利益が生まれるが、山崎は「それに頼っていてはいけない」と危機感を見せる。「もう仲卸のライバルは仲卸ではなくなってきているからです。今は小売りもメーカーも買参権を持って入札に参加できる時代。従来の枠組みの中で考えていてよい時代ではないのです」

このような仲卸受難の時代に求められるのは何か。山崎は「それこそが長年築き上げてきたプロとしての経験とネットワークだ」と力を込める。「商品の目利き、産地との連携、スピードのある対応力など、仲卸だからこそできることは多々あるはずだ」と。

幸い、しらすはスーパーでも力を入れる人気商品だ。手軽、美味しい、健康に加え、国産の天然素材という訴求力もある。「この魅力をしっかり伝えていくことが私たちの使命です。それによって、お客さまの売り上げ向上を支援する力を強化していきたいし、産地とともに、より付加価値の高い製品づくりにも注力したい。『美味しいしらすを手軽な価格で、より多くの人に食べてもらえるように』真摯に取り組むプロの姿を伝える機会もつくっていきたいですね」

豊洲への市場移転もチャンスと見込む。築地市場の建物は、歴史を感じさせる味わい深いものだが、働く側からするとその古さはたくさんの制約の塊に過ぎなかった。

「私は祭りが大好きですし、古くからある伝統も大切にしています。でも仲卸は伝統芸能ではない。昔のままのやり方にしがみついて、国が助けてくれるわけでもない。自分たちで新たなニーズをつかみ、社会から求められる存在であり続けないといけない。そして一人ひとりがスペシャリストでなくてはいけない」。山崎の言葉には熱がこもっていく。「豊洲に移転して新しく広い設備になるからこそできる試みはたくさんある。それはすごく楽しみなんです」

一方、グループのヤマセ水産が手がける輸出事業は、台湾を中心に急成長し、周辺国への取引拡大の機会もうかがっている。築地の仲卸のプロの意地が、日本の食文化を守り育て、さらにその魅力をグローバルに発信する、そんな素敵な未来をつくりだしてくれそうだ。

Profile

山崎祐嗣（やまざき ゆうじ）

1982年、東京都出身。成蹊大学卒。学生時代にしらすの生産地で住み込みのバイトをしたことなどを機に、後継に強い意欲を持つ。大学卒業後ヤマセ村清に入社。2年間の下積み、しらすの責任者などを経て、2012年先代の急逝により代表取締役社長に就任する。お祭りなど伝統的なものが好き。

株式会社ヤマセ村清

〒104-0045
東京都中央区築地6-26-7
宮崎ビル5F
☎03-3543-0411
創業　1872（明治5）年
事業内容　しらす干し等（塩干小魚）、魚卵、干物各種、海産珍味、冷凍魚各種、その他水産加工品の販売
http://www.murasei.com/

創業58年

城北化学工業

あえて多くの在庫を持ち、日本的な経営も導入 常に不測の時に備え、成長よりも継続を重視

2代目

代表取締役社長 大田友昭

亜リン酸エステルの専業メーカーとして、防錆剤、紫外線吸収剤、光安定剤など、プラスチックや潤滑油の添加剤を生産する城北化学工業。近年では、電子材料関連、医薬中間体、受託製造などに事業を広げている。亜リン酸エステルを利用した化学製品群の数では世界でもトップクラスのグローバルニッチ企業だ。顧客のために在庫を数多く持ち、不測の時に備えデリバティブを活用してリスクヘッジを積極的に行うなど、独自の経営手法で堅実な発展を続ける。

亜リン酸エステル化合物は、素材の変質を防ぐという特性を持っている。先代社長は化学会社勤務の後、亜リン酸エステルの可能性に着目して1957年に戸田市で個人創業した。当時は米国が技術的に先行しており、同社はその技術を日本に導入したパイオニア的存在でもある。

2代目である大田友昭は、海外での生活が長い。10代後半に米国、ロンドン、マドリードへの留学経験を持ち、日本の大手化学メーカーで3年間働いた後、米国の経営大学院に進学。その後は欧州系飲料関連企業、米国の航空会社で働き、欧州や米国企業の合理性と非合理性、日本企業の浪花節的な特徴の両方を経験した。社長就任は2001年。その年の元旦に父が心不全で急逝し、まだ入社して1年、しかも36歳という若さで会社を受け継ぐことになった。

「MBAを持っているからといって、すぐに経営ができるわけではない。急に社長に就任して、従業員からの信頼や信用を得ようとしても無理がある。しかも直後に米国の同時多発テロがあって経済は混乱。いわば五里霧中で、できることは限られていた」と大田は言う。

そこで重きを置いたのが、「客観性」という視点だった。目先のことに頑張りすぎてしまうと、近視眼的になり適正な経営判断ができなくなる。そこで集中する時間を短くし、ある程度仕事を達成できたら、一度仕事から離れ、経営を客観的に見ることを実践した。

もう一つは「変えないこと」である。もともと同社は、セールスエンジニアを多く配置し、取引先の技術的なニーズに的確に応えるのが特徴で、独立独歩で高付加価値、多品種小ロットの製品を供給することに強みを持っていた。自身がエンジニア出身ではないだけに、現場は先代からの優秀な人材に任せ、経営本体である本社機能の強化に注力した。先代からの強みの部分には手を入れないことで、スムーズな事業の継続を図ったのである。

積極的に在庫を持ち、不足の事態に備えてリスクヘッジを行う

同社の工場は福島県いわき市にある。昨年、工場にサイバーダインの「ロボットスーツHAL」を国内の製造業として初めて導入。工場内での重量物の運搬に使用を始めた。これは、作業効率の向上に加えて、腰痛対策も期待でき、大田自らが試着して決めたという。また、マッサージチェアを数台導入したり、社員食堂の予算を増やして献立を向上させたり、サプライズ的に期末一時金も支給するなど、働く環境づくりには常に力を入れている。

「現場を大切にするのは、製造スタッフあってのメーカーだからです。だから私は、どんなに業績が苦しくてもリストラは一度も行っていない。それは温情とともに、純粋な経営判断。経験的に景気の波は半年頑張れば乗り越えられるし、製造スタッフは育てるまでに時間がかかり、一度解雇してしまうと需要が戻って来た時に対応できないからです」

意外にも、終身雇用、年功序列といった、先代からの〝日本的経営〟も大事にしている。自らの海外経験が豊富なだけに、働き方を一元的に押し付けるのではなく、国民性の違いによって雇用の方法は柔軟に変えたほうがいいと考えるからだ。

大田はまた、在庫を積極的に持つことにもこだわる。一般的な製造業では、在庫を減らしてジャストインタイムで生産する〝トヨタ方式〟が主流だが、同社では常に在庫を多く用意し、い

（右上）1960年代初頭、埼玉県戸田市の工場の様子。（左上）2014（平成26）年12月に竣工した福島県いわき市の新事務棟及び研究開発棟。（左下）福島県いわき市の工場内の様子

つでも出荷できる体制を選択している。理由はシンプルで、顧客のため。在庫を抑えて利益を出しても、欠品すれば顧客に迷惑がかかるからだ。

実際に東日本大震災の時、この戦略が生きた。工場が福島県にあるため、震災時に機械が被害を受け、約2カ月間生産ができなかった。この時、在庫を出荷することで、取引先への欠品を最小限に留めることができたのだ。「在庫を持つと資金がかかるが、いまや不測の事態は世界中のどこででも起こりうる。在庫を持てば、原材料の値上がりや供給不足を含めて、さまざまな有事に対応でき、当社の優位性につながる」と大田は説明する。

不測の時に備えたリスクヘッジへの注力も、2代目になって大きく変わったことだ。

在庫を持って資金が必要になる分、キャッシュを多く保有し、金融デリバティブを積極的に活用

して不測の時に備えるようになった。利用しているのは米ドルのコールオプション。オプション買いに徹底することで、為替変動に左右されるリスクを少なくし、円安になると利益が上がる仕組みを構築した。現在はこの対策が大きく功を奏している。

「ビジネススクールで金融を学び、投機ではなく、保険としてのオプションの有効性は理解している。不思議なのは日本であまり利用されていないこと。中小企業で為替のコールオプションを導入したのは当社くらいしかないと、メガバンクに言われたことがある。基本的に私は臆病で、常に不安を抱えている。逆に言えば、安定なんて今時どこを探してもない。不安定が常態化している中での安定を求めたい。そのためにバッファ（緩衝）が必要なんです」

持続可能な適正な利益を生むことだけを考える

経営のためには直感も大切にしている。グローバルな視点を持ちつつ、経験や理屈を抜きにして、潮流の変化の〝兆し〟をつかまえることが大事なのだという。

2008年のリーマンショックの直前、シンガポールのホテルで、その〝兆し〟をつかまえた。世界のゲートウェイでもあるシンガポールに集まる人々の国籍が、微妙に異なってきたことに気づいたのだ。「リーマンブラザーズの破綻など誰も予想していなかったが、私は何かが起こると直感し、現金の保有を増やすなど不測の事態に備えて準備を始めたのです」

会社の〝継続〟を第一に考える。大田の経営理念はそこにある。売り上げを倍増するとか、規模を大きくするとか、業界ナンバーワンになるとかいう野心は持っていない。

「100億円企業になったからといって、従業員の給料が倍になるわけでもない。それよりも、現実的な範囲内で、持続可能な適正な利益を生むことを考えている。そこに若干の業績の成長があれば素晴らしい。それが最終的に従業員の雇用を守り、生活の安定に寄与するのです」

先代が築いた製造業の現場のダイナミックさを愛しながら、一度自分を否定することで自らの本質を知り、2代目の〝鼻持ちならない〟態度を払拭することにも注力する。自らを〝変人〟だと定義する大田だが、その自然体の裏には、緻密な経営哲学が隠されている。

Profile

大田友昭（おおた ともあき）
1964年、東京都出身。米国テキサス州サザンメソジスト大学MBA経営学修士。2001年父急逝のため、36歳で社長に就任。グローバル化と事業転換を図り、2015年3月期は売り上げ過去最高を記録した。

城北化学工業株式会社
〒150-0013
東京都渋谷区恵比寿1-3-1
朝日生命恵比寿ビル5階
☎03-5447-5760
創業　1957（昭和32）年
事業内容　亜リン酸エステルを中心とした精密化学添加剤（電子材料、各種薬品、樹脂、潤滑油、塗料他）の製造・販売
http://www.johoku-chemical.com/

創業62年

京葉アドバンス物流

3代目

代表取締役社長 小宮泰彦

前近代的な経営からの脱却へ、親族の重用を廃止 家族経営のよさを残しながら、受け継ぐものを選択

物流を単にものを運ぶ業務とは捉えず、マクロな視点で物流を捉え、倉庫・運輸・製造など、多方面にわたる事業を展開する京葉アドバンス物流。企業理念は「物の流れを時の流れと組み合わせ　新しい物流を創造する」というもの。取り巻く環境の悪化と、社内体制の弱さで、綻びが出始めた2003年、3代目が31歳の若さで社長に就任。家族経営のよさを残しつつも、大胆な人事で経営を大転換した。

戦後の創業から続く会社を、いったいどのように受け継いでいけばよいのか？　それが3代目社長になった時、小宮泰彦が抱えていた課題だった。なぜなら「このままでは会社は続かないのではないか」という危機感があったからだ。1993年の入社以降、現場を回っていた〝次

世代社長〟の彼のもとに、従業員の不満の声が集まっていた。当初は会社を継ぐ気持ちはなかったが、現場の期待を「肌で実感」し、次第に責任感が芽生えてきたという。

京葉アドバンス物流の創業は1953年。陸軍の戦車乗りだった創業者が、戦地から帰国後、木炭で走る中古小型三輪自動車を購入し、それを整備しながら運送業を始めた。当時、社の近郊に野菜畑が多く、採れた野菜を市場に運ぶのが主な仕事だった。

転機は、運輸部門と倉庫部門を分離独立し、京葉機設輸送（2002年に京葉アドバンス物流と社名変更）を設立した1968年。錦糸町と亀戸にあったセイコーの工場の、生産ラインの機械搬入と据え付けを担当するようになった。ただの運送業ではなく、機械の据え付けまでワンストップで行うビジネスモデルをこのころ確立、他の機械メーカーからの引き合いも増えた。

高度成長期は、国内のメーカーとともに成長軌道を歩んだが、やがて工場が海外へ移転するようになり、事業を取り巻く環境は悪化する。仕事が減り、業績が悪くなるにつれて、社内の雰囲気も悪くなった。「問題は、当社が悪い意味での家族経営であったことです。普通の会社にあるべき就業規則も賃金規定も形ばかりの内容で、すべては社長のさじ加減で決まっていました。要するに組織を束ねる決まりがなく、その不満が社内に溜まっていたのです。従業員数も増えて規模も大きくなっているのに、組織が前近代的すぎた。銀行や取引先などの外部から、会社のコンプライアンスを求める要望もありました」

社長就任後、「生きた心地がしない日々」が続く

小宮が社長に就任したのは2003年12月、まだ31歳の若さだった。

まず近代的な組織をつくることを念頭に、家族経営から企業体への脱却を目指した。最大の難関は、人事の改革だった。具体的に言えば、親族である古参幹部たちに大胆な意識改革を促すこと。改革のためには実力のある者が上に立つことが必要であり、そのためには役職から降りてもらうことも必須条件の一つだったのだ。

「縁故というものは、見えない深さがあり、それを〝切る〟には精力も体力も必要です。当時は毎日、出勤しても生きた心地がしませんでした。いったい会社がどうなっていくのか、自分でも不安でした。頑張れたのは、従業員が私を後押ししてくれたからです」と小宮は告白する。

親族とは、1対1で真摯に向き合うしかなかった。とにかく「会社をこう変えたい」という思いを伝え、「自分についてきてくれないか」と同意を求めるしかなかった。

話し合いで、親族のほとんどが退社することになった。幸い、同社が分離独立する前の小岩貨物運輸という会社が存続しており、親族らはそこに移ることで、経済的な面は担保することができた。最終的には受け入れてくれた親族に感謝をしていると小宮は語る。

「今でも親族からは総スカンですが、仕事から離れたところでは、よい関係が築けるようにな

（右上）さまざまなスポーツ大会で活用される、SEIKOのオフィシャルタイマーの搬送車両。（左上）「さくらプロジェクト3.11」では、これまで3600本超の桜の苗木を被災地に植えた。（左下）2012（平成24）年からスタートした、ドキュメントマネージメントサービス（文書電子化管理サービス）事業

ったと思います。同族経営の難しいところは、仕事でうまくいかなくなると、親族としての人間関係もおかしくなること。仕事とプライベート、公私混同はしないほうがいいと、あらためて学びました」と、苦難の日々を振り返る。

家族経営の〝古きよき〟部分も受け継ぐ

取締役の時期に、就業規則と賃金規定を全面的に刷新し、歩合を明確にした。年功序列を廃止し、実力のあるものを抜擢した。すると現場の不満はおさまり、現場には一体感が戻った。同年には、社名変更と倉庫部門統合も行った。

就任後さらに大改革を進め、２年目にはＩＳＯ１４００１認証（環境マネジメントシステム）、ＩＳＯ９００１認証（品質マネジメントシステム）、ＪＩＳＱ１５００１プライバシーマーク認定（個

人情報保護に関するマネジメントシステム）の三つの認証認定制度を、わずか1年間に立て続けに取得した。業務的には新たに製造部門を新設。リサイクルトナーや新品インクのカートリッジ製造事業を立ち上げた。また倉庫で預かる文書が多いことから、文書電子化管理サービスもスタートした。

小宮は、社内の意識改革にも取り組んだ。社の基本理念を明確に打ち出し、社是を「姿勢」に定めた。根本にあるのは、とにかく基本を大事にすること。さらに「あいさつ指針」として「相手に聞こえる挨拶、気持ちの伝わる挨拶を実行します」と定めた。実はもともと社内にそのような風土はあった。小宮が言語化し、社内に明確な形で示したのである。

２００８年には、「心がけプロジェクト」をスタートした。５Ｓや３Ｒなどの環境美化に注力し、「当たり前を可能にする」文化を醸成したのだ。東日本大震災後は「心がけ災害プロジェクト」を立ち上げ、従業員とともに何度も被災地へ物資を届けた。また個人の活動として「さくらプロジェクト３・11」を発足。これまでに３６００本超の桜の苗木を、被災地に植える運動を展開している。

一方で、〝古きよき〟家族経営のよい部分も受け継いでいる。例えば高齢者雇用だ。定年後も雇用を続け、現在最高齢で80歳になる従業員も働いている。子どもの日には子どもや孫を持つ従業員にお菓子を配り、敬老の日には65歳以上の従業員及び家族にお祝いを送る。インフルエンザの予防注射では家族の分も含めて援助する。これらは小宮の代で始めたことであり、〝暖かい社風〟を残すことに、むしろ積極的に取り組んでいるのだ。

社長就任前後は、先代である父親との激しいバトルもあったという。「結果的に、父親には世の中の変化を突きつける形になりました。親子関係も大変でしたが、後になって〝息子の経営を評価している〟と、人づてに聞いた時は、報われた思いがして、やはり嬉しかったですね」

ちなみに小宮の趣味は、日本最古の芸能ともいわれる「能楽」で、観世流の舞や謡をたしなむ。また「落語」鑑賞も趣味の一つでもある。「よいものは残して、悪いものは切っていく。古典芸能がそうであったように、当社も姿勢や基本を大事に継続していきたいと思っています」

■Profile■

小宮泰彦（こみや やすひこ）

1972年、東京都出身。1993年に京葉機設輸送（現・京葉アドバンス物流）に入社。取締役兼市川営業所長などを経て、2003年代表取締役社長に就任。

京葉アドバンス物流株式会社

〒132-0001
東京都江戸川区新堀1-42-10
☎03-3678-3011
創業　1953（昭和28）年
事業内容　倉庫／各種製造業務／運搬［京葉便］、精密機械及び重量物運搬／産業廃棄物処理／物流関連手配等／物流コンサルタント業務／環境関連事業／ネットビジネスにおける物流業務／文書電子化・文書保管等の業務／トラック広告宣伝／飲料水卸・販売
http://www.3k-kad.co.jp/

創業63年

ボンド商事

ボンドの誕生に合わせ創業し、市場とともに成長 一体感ある強固な組織づくりで次代に挑む

3代目

代表取締役 小黒義幸

ボンド商事という企業名が表す通り、接着剤マーケットの誕生・拡大とともに成長を続けてきた専門商社。主に建設用途の接着剤を取り扱い、防水剤、工具、建築資材等の関連商品の品揃えも充実している。創業当初は、コニシ株式会社の販売総代理店としての事業からスタートし、石材用接着剤の開発を契機に、独自の路線を歩み始めた。3代目は「風通しのよい会社に」という言葉のもと、社内の改革を通じて強固な組織づくりを目指している。

接着剤の代名詞となっている「ボンド」。その歴史は1952年に小西儀助商店（現コニシ株式会社）が開発したことに始まった。ボンド商事は、そのボンド誕生とともに創業。コニシの東日本地区の販売総代理店として事業をスタートした。

「創業者である祖父は、小西儀助商店の代理店で働いていたとき、〝ボンドを一緒に売ってくれないか〟と相談され思い切って独立したのです。以来ずっと、接着剤とともに歴史を重ねてきました」。そう語るのは、2015年4月に社長に就任した3代目の小黒義幸だ。

「祖父の功績としてあらためて感じるのが、会社名を『ボンド商事』にしたことですね。すでに一般名称化している今となっては考えられないこと。会社名を名乗るだけで何をしている会社かストレートに伝わりますし、業界の老舗であり第一人者であることを感じてもらうこともできる。これは本当に大きな財産になっています」

ボンドの市場黎明期は、主に製本向けだった。特に東京都の電話帳が、それまで紐で結っていたものを、ボンドを利用した無線綴じにしたことで一気に普及。その後、木工用ボンドなど新たな商品の開発も進み、販売総代理店としての同社も順調に成長していくことになる。

独自の石材用接着剤の開発が事業継続の大きな転換点に

大きなターニングポイントとなったのは、約20年前の石材用接着剤の開発だ。

「きっかけは、ふとしたことからでした。当社の営業所に、ある職人さんが接着剤を買いにきていたんです。いつもコンクリート用の接着剤を購入していくので、『何屋さんですか?』と聞いたところ『石屋だ』という。石材はセメントなどの無機系のもので接着するのが常識だったので、接着剤にはそんなニーズもあるのか、と関心を持ったのだそうです」

当時は販売総代理店として経営は安定していたが、「もう一段のブレイクスルーを果たすには、自社開発の商品が必要になる」ということも、以前からの課題だった。そこで「これは新たな市場が見込めるはず」と攻めに出た。自社独自の石材用接着剤を、新規に開発するチャレンジを選択したのだ。

石材には大きく建築用と墓石用があり、墓石用に有機系の接着剤を使うことには業界内でも抵抗があった。ところが阪神淡路大震災など巨大地震の発生時に、有機系接着剤の威力が証明されたことで一気に普及。製造が追いつかないほどの注文が相次いだ。

「どんな商品も、誕生〜成長〜成熟〜衰退の流れをたどる。企業も栄枯盛衰は世の習い。例え今が万全のようであっても、絶えず新しい商材を開拓していく必要があるし、お客さまを探し続けなくてはいけない」。先代（現会長）はよくそう語っていたというが、この大きな転機は、まさにその信念が結実したものと言えよう。そしてその姿勢は、今も変わらず同社の中に、脈々と受け継がれている。

その後、石材用接着剤は大きな事業の柱になり、業績への貢献はもちろん、ボンド商事の知名度とブランドも一気に拡大していった。同時に、防水剤、工具、建築副資材等の関連商品の品揃えも拡充し、同社は新たなステージを迎えることになる。

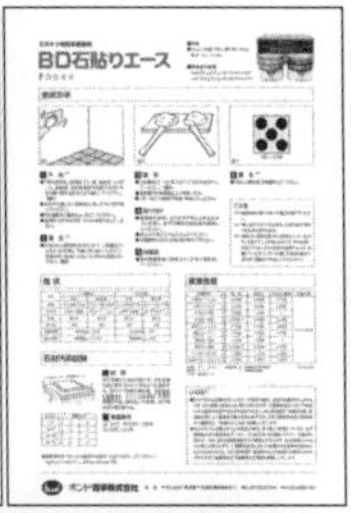

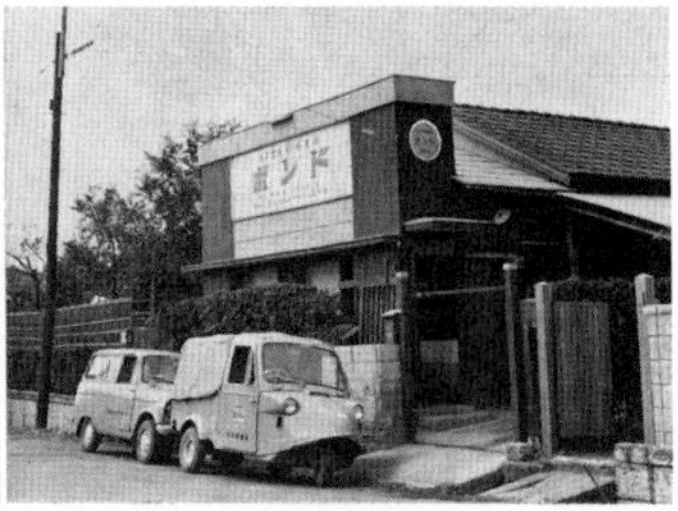

（右上）1962（昭和37）年３月ころの京浜営業所（大田区池上)。（左上）自社オリジナル商品第１号「BD石貼りエース」のパンフレット。（左下）４万点の豊富な在庫を保有するウッド建材の倉庫（埼玉県入間郡）

２０００年には、ウッド建材をグループ化。これもさらなる成長の導火線となった。

同社は主に化粧合板などの建材を取り扱う商社で、現在国内最大規模を誇る約４０００坪の倉庫に、約４万点の商品を保有する。

その豊富な在庫は当時から大きな優位性を持ち、顧客からのニーズに幅広く、そして迅速に対応することができた。さらにボンド商事のシステムと相乗されたことで、より効率的な販売体制を実現した。その結果、買収当時15億円だった売り上げは、２０１５年３月期には85億円になるほど、目覚ましい伸びを見せた。

先代は、社長に就任する前から「売り上げ１００億円の企業にする」と宣言して経営にのぞんだというが、見事に有言実行。次の世代にバトンタッチすることになった。

全社員の叡智を結集し、相乗効果の高い組織づくりを目指す

現社長の小黒が同社に入社したのは2000年4月。大学の理工系学部を卒業後、システム会社のSEとして4年ほど働いた後のことだ。最初に配送センターに配属されて以降、ボンド商事、ウッド建材のすべての部署を経験。二つの事業拠点を立ち上げた。

この時、現場を見ながら感じていたことは、「会社規模が大きくなってきたことを、まだあまり生かせてはいないのではないか」ということだった。

「事業内容が広がるとどうしても組織は縦割りになりがちです。しかし一つの事業部のお客さまが、別の事業部の営業対象でもあったりします。提供できるメニューの多さが、お客さまとの信頼強化につながったりもします。しっかり情報のヨコ連携ができていれば、もっと多くのビジネスチャンスがあるはずだ。そう思っていたのです」

そこで、社長就任後まず手がけたのは、社長室をガラス張りにすること。まずは社長自らが率先して「社内の一体感をつくりだす」姿勢を見せた。「ヨコだけではなく、タテの関係も同じ。若さを武器にした感性や機動力、ベテランの経験や見識、それらも融合させていけるように。縦軸横軸それぞれが上手くつながり、一人ひとりがしっかり持ち味を出し、自分の能力を発揮できるような、そんな組織にしていきたい。それが今の私の最大のミッションです」

幸い、ビジネスは非常に堅調で、攻めの体制も整ってきた。例えばウッド建材では、この6月から加工も可能な設備を整えた。「リフォーム業界において、プレカットした建材のニーズは非常に高く、メインのお客さまである木工所からも『自社で機械を購入するには高額すぎるし職人もいない。ウッド建材がかわりにやってくれるのはありがたい』『今までできなかった仕事が受注できて新規開拓につながった』などと好評です」と、小黒は説明する。

そして間もなく2020年東京オリンピックを迎える。「建設土木業界は、これから数年は本当に大きなチャンスです。しかし、その波に乗っかってよしとするのではなく、よい時期にこそ内部を固める。未来への投資をする。そういう土台づくりの絶好の時期だと思っています」

■Profile■

小黒義幸（おぐろ よしゆき）

1973年、東京都出身。大学卒業後、システム会社勤務を経て、2000年ボンド商事入社。2005年取締役、2015年4月、41歳で代表取締役に就任。

ボンド商事株式会社

〒101-0054
東京都千代田区神田錦町3-11
☎03-3293-7215
創業　1952（昭和27）年
事業内容　建設用、工業用、家庭用等の接着剤を中心にした専門商社。防水材、工具、建築副資材等の関連商品も扱う。
http://www.bond-syoji.co.jp/

創業53年

白金化成

創業社長の発想力、機動力をすべての社員の「強み」に変える

2代目

代表取締役 野口弘道

プラスチック材料の卸を核に、素材開発から製品企画、加工、販売までを手がける白金化成。ただ材料を売るだけでなく、サプライチェーンの川上から川下まですべてをカバーする体制を背景に、「材料の提案」「加工の提案」「商品仕様の提案」「売り方の提案」「サービスの提案」まで、きめ細かい提案力を強みに成長を続ける。事業承継を経てなお、創業者が築いた強みを維持し続ける原動力は、2代目の「静かなる改革」だった。

色とりどりの手帳カバー、可愛いポーチ、ギフトケース、企業名が入ったファイルやステーショナリー、ケースに入った卓上カレンダー……。東京・浅草、大きな窓から東京スカイツリーを望むショールームには、カラフルな製品が所狭しと並べられている。いまや、身の回りの

あらゆるところで使われているプラスチック加工品だが、特に白金化成が得意とするのは文具・雑貨カテゴリーの製品だ。もともと樹脂素材の卸販売がメインだが、現在は、これらの加工製品が売り上げの6割を占め、特に手帳カバーの国内シェアは約50％に及ぶ。

創業は1962年。現社長の野口弘道の父が起こした塩ビ材料卸会社だ。夫婦二人三脚で営む小さな会社だったが「卸だけでは販売量に限界がある」と、自らのアイデアでさまざまな製品の企画に取り組んだ。中でも、最大のヒット商品は1980年ごろに生まれた〝カレンダーホルダー〟だろう。壁かけ式の月めくりカレンダーの上部を留める細長いプラスチックパーツがそれだ。内側に「返し」がついており、ステープラーで束ねた12カ月分の紙の上部にカチッと差し込むことで紙束をしっかりホールドする。構造は極めてシンプルだが、カレンダーといえば専用機械で金具留めするのが主流だった当時、この発想は画期的だった。特許を取得するとすぐに大手印刷会社から大量発注があり、ピーク時の売り上げは6億円に達したという。

また、丸いタックにひもをくるくる巻き付けるスタイルの封筒の留め具「マルタック」も同社の特許商品だ。従来は金具で封筒に打ち付けていたパーツを粘着式のプラスチックタックに改良したこの商品は、現在も全国の封筒メーカーに納入されている。

ヒット商品で売り上げを増やし、材料卸から加工、製造まで業容を拡大しながら企業を発展させる。高度経済成長という追い風があったとはいえ、その発展の生命線は、創業者自身のアイデアと超人的な働きだった。野口には幼少期、父が家にいた記憶がほとんどない。口癖のように考えることが大事と言い続け、常に仕事のアイデアを温める一方、「誰でも1日は24時間。時間だけは平等だ」と、朝から晩まで営業に駆け回っていたという。

個人商店から企業へ、突然の事業承継で改革がスタート

野口は、そんな父に跡を継ぐように示唆されたことは一度もないそうだ。しかし、2000年に経営の一角を担っていた叔父が病に倒れたのを機に、36歳で勤務していたメーカーを辞して入社。すると父は2003年4月に突然「6月から社長を任せる」と告げ、自らは会長に退いた。父からはほとんど引き継ぎがなかったため、跡は継いでも経営手法は継承しようがない。初年度から、自分の信じるやり方で組織づくりに取り組んだ。マーケットを分析し、営業方針を設定し、利益を管理し、情報共有化を進め、営業ツールを充実させる……。就任1年目に実施したこれら一連の改革が、現在の組織の土台となっている。

先代は、米国の大学でマネジメントを学び、他社で海外勤務も経験した息子をひそかに後継者と目していたのだろう。引退表明後は経営に一切口出しすることなく、「新しいやり方に驚いている人も多いと思いますが、どうかよろしくお願いします」と、ただ頭を下げたという。

「個人商店をごく普通の会社にした。それだけです」

（右上）1993（平成5）年の創立30周年八潮配送倉庫竣工記念式典の様子。（左上、左下）豊富な素材見本、自社開発オリジナル商品が並ぶ、本社展示室。毎月のように展示品は入れ替えられ、展示会が開催される

野口が謙虚に語る通り、一連の改革は急進的ではあったが、決して破壊的ではなかった。唐突な事業承継だったからこそ、従来のやり方にとらわれず、あるべき組織の形を冷静に検討できたともいえる。折しもITバブルがはじけて売り上げが低迷し、社内に漠然とした危機感が広がっていた。明晰に事業の強みや課題を腑分けする新しいトップの改革は社員に前向きに受けとめられ、同社を新しいステージに導く力となった。

　2003年にスタートした社内企画コンテストは「新しい白金化成」を象徴する取り組みだ。社員全員が毎月新製品を企画し、優秀賞に選ばれた作品はサンプルをつくり、企画書とともに全国のお客さまのもとへ届ける、というもの。この蓄積は、社内の企画力・提案力を大きく伸ばした。

　情報発信にも積極的に取り組んだ。仕入れ先企

業の担当者40〜50人を招いて開催する「品質勉強会」では、素材や加工などものづくりのノウハウはもちろん、営業、マーケティングなど多岐にわたるテーマで社内のナレッジを惜しみなく提供する。使われた資料はショールームにすべてストックされ、自由に閲覧できるという。「最初はサービスのつもりでしたが、むしろ社員教育に役立っています。また、ノウハウをオープンにすることで自社の企画力、分析力もアピールできることも大きなメリットです」

これらはいわば先代社長が持っていた発想力・機動力を、社員全員で担うための仕組みづくりだ。トップダウン型からボトムアップ型へ、組織を組み替える試み、と言ってもいい。

先代の築いた「強み」を生かすソフトを整備する

「常備在庫を持つ」というやり方も、野口が先代から受け継いだことの一つだ。一般的には「在庫＝リスク」と捉えられがちだが、同社の埼玉県の倉庫では、樹脂シートを巻いたロール状の原反を大量に保有している。その長さをつなぐと実に1500キロメートルに及ぶという。

「常備在庫があれば、卸でも加工品でも小ロットのオーダーを即納できる。つまり小口受注を拾いやすいというメリットがあります。とはいえ、わざわざ倉庫を構えて小ロットの商売をして本当に儲かってるのかな、という点は疑問だったので数字をきちんと分析してみたんです。すると、小口受注の蓄積がわずかながらも利益を出していることがわかりました」

さらに、この分析を通じて、間接的ではあるがより重要なメリットに気づいたという。

「在庫原反があれば自社で簡単にサンプルをつくることができます。サンプルをクライアントに見せれば説得力が高まるので、営業の打率が上がる。在庫が新規受注に貢献するのです」

ゆえに同社の営業マンは、提案時、見積や仕様の提案書だけでなく、材質や色を変えて2〜3種類のサンプルを持参するのが当たり前だ。本社にはサンプル製作専門スタッフがおり、営業から要請があれば、すぐにアイデアをカタチにできる体制が整えられている。

先代のやり方を否定することなく、強みを生かす。創業者が整えたハードの上に、時代に合わせたソフトを整備する。事業承継の一つの理想的な形といえるのではないだろうか。

Profile

野口弘道（のぐち ひろみち）

1963年、東京都出身。アリゾナ州立大学卒業後、プラスチック成形・加工メーカーを経て、2000年に白金化成に入社。2003年に同社代表取締役に就任。

白金化成株式会社

〒111-0041
東京都台東区元浅草4-1-12
☎03-3847-8800
創業　1962（昭和37）年
事業内容　合成樹脂原材料の販売、合成樹脂シートの開発・流通、プレミアム・ノベルティ商品の企画・製作・販売、オリジナル商品の企画・デザイン・製作、企業のブランド戦略のサポート・プランニング、環境素材の開発と環境情報の発信、国内・海外生産の企画・プロデュース
http://www.shilogane.co.jp/

創業91年

中川特殊鋼

変わらず〝商社の存在価値〟を追求し、挑戦・革新を恐れない社風を継続

3代目

取締役社長 中川陽一郎

91年の歴史を持ち、特殊鋼の専門商社として第一人者の地位を築いてきた中川特殊鋼。強みは、創業以来の「ユーザー、仕入先メーカーの現場に出向き、徹底的にニーズを把握する」精神。それが、同社が考える〝商社の存在価値〟にほかならない。現社長は、海外展開を加速させ、築地や天王洲の不動産事業、新素材開発を進めるアドバンスト・プロダクト事業など多角化を進めているが、鉄鋼以外の事業でも「現地・現物でニーズを把握する」精神は生きている。

中川特殊鋼は1924（大正13）年、現社長中川陽一郎の祖父である創業者が、勤めていた鋼商から、英国製鋼所日本総代理店の権利を受けて独立。当初は特殊鋼の輸入販売を目的として設立された。「創業者はよく働き、人一倍汗をかく人だった」と中川は語るが、この評判が聞

こえてのことだろう、ほどなく日立製作所安来工場（現在の日立金属安来製鋼所）からアプローチを受け、同工場の関東総代理店として契約。会社としての形を整えていく。

「創業者は日立の鋼を売るために工夫を重ねたようです。東京から安来工場に足しげく通い、工場の技術者から特殊鋼の熱処理の仕方を学びました。ベストな性能を出すための、ベストの焼入れ温度を追求したのです」と、中川は目を細める。

特殊鋼とは、鉄にさまざまな元素を加えた合金鋼のこと。その内容によって、硬度や強度、粘性、耐摩耗性、耐熱性などの特性が増していく。同社では、自動車のエンジン、ミッション、ステアリングや、建設機械や産業機器の駆動の要となる部品の素材を得意としてきた。

値段と納期で採用が決まる普通鋼と違い、特殊鋼のユーザーは、仕入先メーカーを変えるのに慎重だ。その特性を検証するためにテストを繰り返し、性能を評価する必要がある。創業者は、ユーザーのニーズに対して最適な製品品質を探し求めたという。

「ユーザー、メーカーにとって何が重要かを現場で理解するため、汗をかくことを決して惜しまない」との商社の存在価値に誠実な姿勢は創業者の時代に始まり、連綿と引き継がれている。

その後、2代目社長の提案により、日本の高炉メーカーとして初めて特殊鋼生産を始めた日本鋼管（現在のＪＦＥスチール）の指定商社になり、販売量を飛躍的に拡大。「独立系複合商社」として、素材に関する高い技術力・提案力を武器に、業界第一人者の地位を築いてきた。

鉄鋼事業の海外展開を加速し、不動産事業を本格化させた3代目

中川が3代目社長に就任したのは1993年のこと。バブル崩壊の影響冷めやらぬころで、円高が急速に進行していた。そのため、自動車、建機、産業機器など、国内のユーザーの工場の多くが、海外に移転。そのユーザーから「海外工場でも製品を供給してほしい」というオファーを受けた。この要請に応えて、中川は海外展開を強力に推し進めた。

当時、同業他社は海外進出に積極的ではなかったが、留学経験のある中川は世界情勢を肌で感じていた。そして「今後のモノづくりはボーダーレスになる」という思いから、ためらうことなく海外展開を強化していった。

1996年にタイ・バンコクに海外法人第1号を設立したのを皮切りに、米国、中国、インドと次々と拠点を広げていく。リーマンショック以降はさらに展開を加速させ、短期間のうちにベトナム、インドネシア、メキシコと海外法人を設立していった。ユーザーのニーズによっては、近隣に鋼材工場を設立し、鍛造や引き抜きなどの二次加工の対応もできる体制を整えていった。

さらに中川は、鉄鋼事業という基盤の上に、事業の多角化を推し進めた。同社は東京・品川の天王洲の一角に27階建ての「天王洲セントラルタワー」を所有している。1階のエントラン

（右上）1951（昭和26）年に完成した中川秀太郎商店品川倉庫。（左上）品川倉庫の跡地に建設された天王洲セントラルタワー（1994年竣工）。（左下）同社が取り扱う特殊鋼線材

スには東京芸術大学と連携した「アートホール」を備え、外資系企業を中心に20社以上が入居しているが、この高層ビルの管理やテナント募集などは、同社が自前で行ってきた。

しかし、竣工までには大きな苦難が待ち構えていた。マスタープラン作成からの約10年の間に、バブルは崩壊。ビルの建設費は高止まりしたまま、賃料が大幅に下落する一方だったからだ。都心でもビル余りの状態に陥り、テナント探しも容易ではない時期だった。

とはいえ、経営陣は「起きたものは仕方がない」と冷静さを失わなかった。実は、中川が入社した1973年は、ちょうど東京・築地の本社ビル建設のさなか。最初の仕事として、テナントの募集や折衝などを受け持っていた。

その時の経験とオーナー企業ならではの意思決

定の速さを武器に、メンバーは一丸となってテナント開拓を行い、ビルの竣工時には当時としては珍しくほぼ全フロアが埋まる。「埋まった」ことを称賛する新聞もあったという。

「私が入社してからも、会社は何回かの危機に見舞われましたが、当社はピンチを経るたびに、確実に筋肉体質になっています。今後も質実剛健な会社でいきたいですね」と言う中川。同社の社員は業界内では少数といえるかもしれないが、チャレンジスピリッツを持った精鋭が数多く育っているのが自慢だ。

長期的視野で取り組む新素材開発、社会貢献の意味も大きい水質浄化

多角化の一環として、新素材開発を行うアドバンスト・プロダクト事業が立ち上がっている。中川はマテリアルサイエンス科を修了しているだけに、次世代の素材開発には関心が深い。

例えば一つのテーマに上がるのが磁性材料。これは同社の特殊鋼の主要用途である自動車の「将来」を見据えた取り組みだ。磁石や磁性材料の販売をしながら、さらなる研究・開発をパートナー企業と進めている。

研究・開発は一朝一夕には進まないが、メンバーはエキスパートに育ちつつある。「次世代素材の話もユーザーの相談から生まれました。この事業は短期間に利益は見込めませんが、長く続けることが大事です。長期的視点に立てるのも非上場のオーナー企業だからこそです」

また、鉄イオンによる水質浄化の研究も行っている。現在、日本周辺の漁場は磯焼けが進み、漁場が急激に縮小している。石灰化した海藻類が海底を覆い、植物性プランクトンが減り、食物連鎖でそれを食べていた魚類が激減しているのだ。

海藻も光合成で成長するが、その触媒として欠かせないのが鉄イオンである。「鉄の廃棄物から二価鉄イオンを取り出し、それを製品化していくという構想です。当社はいくつかの特許をとっていて、海藻を繁茂させるのに成功していますが、研究はまだ緒についた段階です」

ビジネスや利益というより、社会貢献性の高い事業だが、広く社会の声を聞くのも「商社の存在価値だ」と中川は考えている。

■Profile■

中川陽一郎（なかがわ よういちろう）

1948年、東京都出身。慶應義塾大学工学部卒。スタンフォード大学大学院マテリアルサイエンス科修了。1973年中川秀太郎商店（当時）に入社。不動産開発、特殊鋼営業などを経て、1993年取締役社長に就任。

中川特殊鋼株式会社

〒104-0045
東京都中央区築地3-5-4
中川築地ビル
☎03-3542-8811
創業　1924（大正13）年
事業内容　鉄鋼・特殊鋼・新素材の販売・輸出入、海外拠点における販売・輸出入・各種合弁事業。磁性材、最先端電子デバイス・次世代自動車向け材料などの開発・販売・輸出入。倉庫・ロジスティクス事業、不動産・都市開発事業
http://www.nssi.co.jp/

創業70年

サイサン

3代目

代表取締役社長　川本武彦

企業も人も「凡事徹底」の積み重ねが原点
埼玉発世界一のエネルギー小売会社を目指す

ＬＰガスや産業ガスなどのガスエネルギー供給を軸に、埼玉から全国へ、そしてアジアへと、業容・エリアともに着実に拡大させてきたサイサン。業界の先駆者として、絶えず新たな可能性に挑み、創業から70年を迎える今もなお高い成長率を維持し続けている。その原点には、「一族経営・非上場・大家族主義」に裏打ちされた、長期視点の経営観と、それゆえに可能な大胆さ、そして社内の強い一体感がある。

「凡事徹底」。サイサンの3代目社長である川本武彦は、この言葉を好んで使う。「人が進歩するには凡事徹底しかないと思っているからです。例えば、挨拶をきちんとする、身だしなみに気を使う、整理整頓をするといった、ごく基本的なことを徹底的に行えるかどうか。それが信用となり、人を育て、会社をも強くしていくのです」

特に同社の事業は、人々の生活を支えるインフラで、継続的な取引が根幹にある。「昨日頑張ったから、今日は手を抜いていい」というものではない。そしてあらゆる人、家庭がすべて顧客になるビジネスでもある。裏表なく、誰に対しても〝お客さま〟という思いで接することは、企業のブランドイメージを高め、そういった日々の行動そのものが営業活動にもなっていく。

サイサンの歴史は、終戦直後の1945年10月、創業者が埼玉酸素販売所を立ち上げたことからスタートする。その後、LPガスの可能性に着眼。従来の薪・炭・石炭などに代わって、台所に「熱源の革命」を起こす存在だと考え、事業の主力に据える。

とはいえ当時は、LPガスの黎明期。人々の意識も設備も受け入れ態勢には程遠い。そこで同社は、使いやすいガス器具の研究開発をしたり、街頭に出て使い方の実演を行ったり、まさに「生命をぶち込んだ販売活動」を展開する。そこには「ガスを通じて国民生活を豊かにすること」への強い使命感があったという。

その後、鬼怒川温泉を舞台に町ぐるみのLPガス化の実現、日本初のタクシー向けLPガススタンドの設置。さらには、米国の視察で感銘を受けたバルクシステム[*1]の日本への導入など、絶えずエネルギー供給の新しい形を切り拓いてきた。

「先代から『一番風呂へ入れ』とよく言われました」と川本は振り返る。「入ったら水かもしれ

＊1 バルクシステム　バルクと呼ばれるガス貯槽を設置し、専用のバルクローリーにてLPガスを直接供給するシステム

ないし、すごく熱いかもしれないけれど、入ってみないとわからない。だから、まずやってみよう。それが私たちの根底にある文化なんです」

「三代にして一業の体を成す」その集大成のステージへ

「創業者が立ち上げた基礎の上に、2代目が開拓した事業を積み重ね、3代目がその形を整える」。この「三代にして一業の体を成す」という言葉を、川本は先代から受け継いできた。そして社長就任にあたり、「地域密着型の個人商店として、家族や地元を大切にしながら成長してきた会社の遺伝子に、21世紀という時代の速度や科学的合理性を的確に融合させていく」、そのベストミックスの形成こそが、自分の役割だと考えた。

社長就任2年後の2003年、サイサンは新エナジーブランド「Gas One」を導入した。これは同社のグループ企業が増えていく中で、「それらを一つの形で表して、より大きなブランドを確立していくことが必要だ」と考え、形づくられたものだ。

同時に発表した「ガスワン憲章」では、「『Gas One』グループはお客さまにとって最も身近なホーム・エネルギーパートナーです」と謳った。この時すでに、ガスのみならず、あらゆるエネルギーを扱う企業体になっていくことを標榜している。

「お客さまにとっては、LPガスか都市ガスか、または電気なのか、その手段は問題ではない。

（右上）1952（昭和27）年ごろ、プロパンガス普及のための街頭宣伝。（左上）現在のサイサン本社（埼玉県さいたま市）。（左下）メガソーラー発電施設「エネワン ソーラーパーク寄居」（埼玉県寄居町）

求めているのは、快適な暮らしができること。私たちは絶えず、その視点に立ちかえらないといけないのです」

その後、2013年の埼玉県寄居町を皮切りに、メガソーラー発電施設を次々と開設する。さらに今後は、電力の自由化、都市ガスの自由化も立て続けに予定されている。「総合エネルギー事業者」を目指す同社にとっては、無限のチャンスが広がっているといえよう。

一方、海外展開も次の大きな柱に育っている。そもそも同社の海外進出の歴史は古く、1968年には韓国釜山市にて「カーガス・ステーション」の設置を行っている。そして川本の代になり攻勢は本格化。同社ならではの高い保安・技術を武器に、エリアを拡大。すでにモンゴルでは1位、ベトナムでも3位のシェアを誇っているという。

「エネルギー供給を通じて生活を豊かに」その舞台は日本から世界へ

「私たちは、世界一のエネルギー小売会社を目指しています」と語る川本の言葉には力が入る。「日本は、すでに市場が飽和し、大手都市ガス会社が君臨しているため、日本一は無理かもしれない。でも世界一なら十分実現できる、そう社内を鼓舞しているのです」

そこには「大きな理想を持っていたほうが楽しい」という純粋なワクワク感、「エネルギー業界は、変わるリスクよりも変わらないリスクのほうが大きい」という大局的な経営センス。さらには「何よりも社会貢献のため」という川本の熱い理念が根底にある。

「世界には70億人いて、30億人はいまだにガスを使えていない。薪や石炭などで料理をしているんですよ。それは不便だし健康にも悪い。ガスを普及させることで世界に文化的な暮らしを提供することは、私たちが実現しないといけないミッションなんです」

川本が語るこの内容は、まさに創業当初の姿勢そのものだ。当時は高度成長期の日本、今はアジアの新興国。舞台は変われど、会社が目指すものがぶれない姿勢がよくわかる。

そしてもう一つ、変わらない大きな価値観、それが「大家族主義」だ。「せっかく縁があって集った仲間ですから、家族のように接する。でもそれは決して和気藹々とだけではなくて、家族だから厳しいこともいう。『厳しく仲よく』がモットーです」

また多様性の受け入れにも積極的だ。「ガス・電気業界というのは男性社会です。でも私たちのお客さまの中心は女性ですから、本来女性が活躍できる職場なんです。そしてお客さまには、お年寄りも外国人や障害者の方もいます。そういったすべての方にきちんとサービスを提供するためには、社内も多様な価値観に満ちている必要があるのです」

そう語る川本の最大の喜びは、「お客さまや外部の方から、社員を褒める言葉を聞くことだ」という。まさに「それこそが経営者の醍醐味だ」と。すでに社内では100周年の2045年を見据えたビジョンを打ち出しているが、「この時主役になるのは、あなたたちだよ」と若い社員に日々語りかけ、その成長を心待ちにしているという。

■Profile■

川本武彦（かわもと たけひこ）

1964年、埼玉県出身。玉川大学工学部卒。1995年サイサンに入社。会長室、経営企画室勤務を経て、1998年副社長に就任。2001年代表取締役社長に就任。2010年9月、『ガスワン三代』（ダイヤモンド社）刊行。

株式会社サイサン

〒330-0854
埼玉県さいたま市大宮区桜木町1-11-5
☎048-641-8211
創業　1945（昭和20）年
事業内容　ガスエネルギー（家庭用・医療用・産業用）供給及び販売、電気事業、ミネラルウォーター「Water One」宅配事業、住宅設備機器の販売・設計施工「リフォーム・ワン」
http://www.saisan.net/

ファミリービジネスはなぜロンジビティー（長寿性）を持つのか

慶應義塾大学総合政策学部教授 兼
政策・メディア研究科委員
飯盛義徳

老舗の会社には永続性へのヒントが眠っている

ファミリービジネスにはさまざまなパターンがある。小規模な企業では、事業もオーナーシップ（所有権）もファミリーが担っていることが多いだろう。成長を遂げるプロセスにおいて、ファミリーの範囲は広がっていくことがあるだろうし、ファミリーがオーナーシップは持っているものの、専門経営者を雇って事業を任せている場合もあるだろう。このような例は、老舗ブランド企業によく見られる。

「ここには、ファミリービジネスの一つの理想型があります。ファミリービジネスを構成するのは、オーナーシップとファミリーとビジネスの3要素で、3サークルモデルで表現することができます（図表1）。この三つのサークルをいびつな形にせず、上手くバランスを取っていく

図表1　ファミリービジネスの3サークルモデル

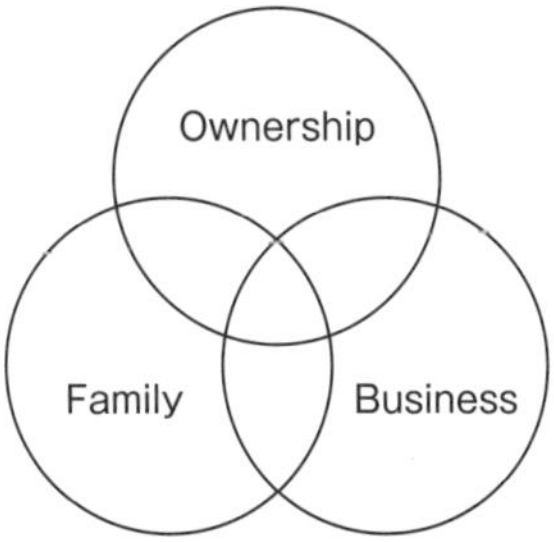

（出所）Gersick, K.E., J.A.Davis, M.M. Hampton, I. Lansberg(1997) Generation to Generation: Life Cycles of the Family Business, Harvard Business School Press.

図表2　日本には老舗企業が多いのか

創業、設立	社数
100年以上	1万9518社
うち200年以上	938社
うち300年以上	435社

（出所）帝国データバンク『百年続く企業の条件』朝日新聞出版、2000年、p.50。原データは、COSMOS2。

図表3　人的資源の内部化プロセス

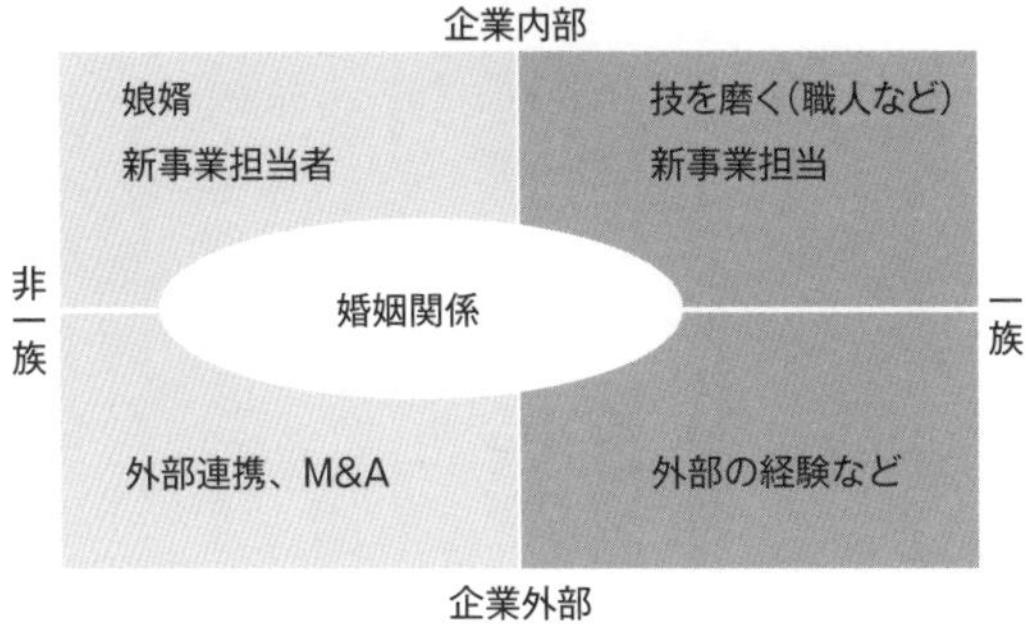

ことは、ファミリービジネスの経営の大事なポイントと言えます」

そう語るのは、飯盛義徳・慶應義塾大学総合政策学部教授だ。

帝国データバンクの調べでは、今、日本には100年以上続いている老舗が1万9518社、うち200年以上続くのが938社、同様に300年以上続く会社が435社も存在するという（図表2）。業種的には、清酒製造や酒小売、呉服・服地小売、旅館・ホテルなどが多いのが特徴で、そのほとんどが、比較的小規模のファミリービジネスだ。

日本の〝200年企業〟の数は世界でも有数で、2位のドイツの約2倍になるという。[*1]

ではなぜ、ファミリービジネスはロンジビティー（長寿性）という特性を持つのだろうか。老舗会社の特徴を探れば、企業の永続性のためのヒントが見つかるはずだ。

成功している老舗ほど、〝攻めの姿勢〟が見える

飯盛教授は、ファミリービジネスの強みを次のように指摘する。「まず、意志の疎通が図りやすいので、スピーディーな意思決定ができること。もう一つは、長期的な事業への取り組みが可能になることとです。株主にファミリーが多く、社長の在任期間も長く、後継者も決まっているため、短期で成果を出すことに縛られなくて済む。老舗ブランド企業の多くがそうであるように、長期に事業を見守り、育てていくという意思決定ができるのです」

＊1 後藤俊夫（2009）『三代、100 年潰れない会社のルール』プレジデント社、より

さらにファミリーだからこそ、企業理念が伝わりやすいというメリットがある。

「宮大工や板前などの職人の世界には、明文化された文章ではなく、真似をしながら無意識に学んでゆく〝正統的周辺参加〟という学習理論がありますが、ファミリービジネスにもそれが当てはまる場合があります。後継者のほとんどは、会社の倉庫などが遊び場で、働く両親の姿を間近に見ながら育ち、企業理念を自然に体得していく。そうした環境の中で、代々受け継がれていくべきもの、変えていくべきものの選択ができるようになるのです」

また老舗のファミリービジネスの会社に共通しているのは、定期的にイノベーションが行われているという事実である。老舗だからといって同じ事業を続けていては存続できない。時々にイノベーターが現れて、変化してゆく時代を乗り切ってゆく必要がある。そのためには、イノベーションを起こせる経営資源をいかに獲得するかが問題となる。

「理想的な形は、画期的なアイデアや意欲を持った後継者が登場すること。事業承継には、唯一無二という成功パターンはなく、人間関係でも難しい面が多くありますが、ポイントは、何を引き継いで、何を新しくつくっていくのか、先代と後継者が価値観を共有することです」

では、その後継者がいない場合はどうするのか？

「会社の内部で、社内の有能な人材を外部で修業させたり、婿養子を登用したり、M&Aを実施して外部と連携したり、または奥さんが新事業を立ち上げるといったケースがある。つまり姻戚関係を結びながら、さまざまな知識やネットワーク、技術を、一つのファミリーの中に入れていくのです。これを〝人的資源の内部化プロセス〟（図表3）と呼んでいますが、これによってファミリーに活力が与えられ、イノベーションを起こしていく土台ができるのです」

老舗企業の中には、変化をしていこうとする姿勢そのものを継承している企業も多いという。むしろ成功している老舗ほど、〝攻めの姿勢〟が見えるともいう。

「私は、ファミリービジネスだからこそ、アントレプレナーシップ（起業家精神）が必要だと思います。老舗企業は、すでに信用やブランドが形成されているわけで、その信用やブランド力をベースに新商品を出していけば、成功する確率は高くなる。確かに、本業が儲かっている老舗は文化的に保守的になり、新しいことに挑戦するインセンティブを持つことが難しい場合もあります。だからこそ、後継者の代替わりの時がチャンスになるのです」

地域のネットワークの中で「三方よし」を実践

海外ではファミリービジネスの研究が進んでいるが、日本には老舗企業が多いにもかかわらず、あまり研究が行われていなかったという。そこで飯盛教授の研究室では、全国のファミリービジネスを取材して、ケース教材を開発することを行っている。現在、学生たちがいろいろな会社を訪問して教材を作成、「ファミリービジネス論」という授業で利用しているという。

「その中で特徴的なのは、地域貢献という要素です。老舗の企業は、地域の活動に積極的に取り組み、地域とうまく連携し、会社自体が地域の資源になっているケースも多く見られます。〝三方よし（売り手よし、買い手よし、世間よし）〟という言葉がありますが、地元のネットワークの中で、まさにそれを実践しているのです」

例えば日本橋のような都心の真ん中でも、後継者たち同士の連携があったりする。同じ地域で育っているから〝あなたのおじいちゃんに世話になった〟というような、緊密なネットワークが構築されている。特にモノづくり系は地場でつながる場合が多く、互いに仕事を融通するなど、それも長寿性を支える要素になっている。

「老舗というのは、厳しい環境変化の中を生き残ってきた会社であるという証。そのあり方を知ることは、現代の若い起業家たちにとっても有益だと考えています」

飯盛義徳
いさがい よしのり

慶應義塾大学総合政策学部教授 兼 政策・メディア研究科委員　博士（経営学）。専門はプラットフォームデザイン、地域イノベーション、ファミリービジネスなど。慶應SFCにて新事業創造や地域づくりに関する教育・研究・実践に取り組む。総務省・過疎問題懇談会委員、総務省・ふるさとづくり懇談会委員、総務省・人材力活性化研究会座長、国土交通省・奄美群島振興開発審議会委員などを務める。

創業40年

箔一

受け継いだものづくりの心を原点に箔を通して伝統の可能性を現代に引き出す

2代目

代表取締役社長 浅野達也

北陸新幹線の開業でにぎわう金沢駅。構内の店舗には、工芸品やお菓子、化粧品など金箔をアレンジした商品が無数に並び、いまやお土産の定番となっている。しかし金沢の金箔は、その歴史において長く〝材料〟でしかなかった。そこに独自の視点で切り込み「金沢箔工芸品」の分野を確立したのが箔一だ。箔が持つ可能性を、現代のニーズに合わせることで、新たな市場を次々に開拓。伝統とものづくりの技術を未来へ継承するべく力を注いでいる。

加賀友禅、九谷焼、輪島塗、山中漆器など、石川県には日本を代表する伝統産品が非常に多い。これは加賀藩前田家が、茶の湯の指導や茶道具を通して美術工芸の育成に力を入れてきたことを源流とし、今なおその精神は脈々とこの地に受け継がれている。

国内生産の98％以上を占める金沢箔も、その代表的存在の一つだ。特筆的なのは、1万分の1ミリと言われるその薄さ。10円玉の約半分の金を、畳一枚分まで延ばすことができる卓越した技術はまさに匠の技。金沢郊外の国道沿いにある箔巧館では、このような箔の歴史や技術を、さまざまな展示や実演を通じて伝え、実際に箔貼りを体験することも可能だ。

箔一は、この箔巧館の運営に代表されるように、金沢に新たな箔の文化を創造し続けてきた企業だ。創業したのは1975年と、伝統産業の世界においては、実はまだ歴史が浅いが、箔職人を夫に持つ専業主婦だった先代（現会長）が、わずか一代で今の地位を築き上げてきた。

「伝統産業は分業が確立されており、箔職人は箔を打つだけが仕事。用途も仏壇仏具用がほとんどでした」。創業当時を、そう説明するのは2代目の浅野達也。「そこで会長は『これだけの材料をつくれるのだから、商品も自分たちでつくればいいのではないか』、そう考えたのです」

しかし先見性高いこの発想も、しきたりを重んじる業界の中では非難と嘲笑の対象でしかなかった。そのため見様見真似で自ら工芸品をつくり、東京や大阪のデパートなどに持ち込み営業を続けた。この時「ものづくり」「売り場」それぞれのリアルな現場を、身をもって体感してきたことが、同社の独自のビジネスモデル構築に、大きく寄与したことになる。

その後1976年、全国で初めて金箔打紙製法[*1]によるあぶらとり紙を開発し、これが大ヒット。同社の存在を広く世に知らしめることになった。

＊1 金箔打紙製法　金箔製造の副産物であった和紙が、京都の舞妓に愛用されていることに着目し、それまでの金箔製造の副産物を「あぶらとり紙」専用の紙として製造したもの

箔一、金沢箔、それぞれの未来に可能性を感じたからこそ継承した

「生きるために無我夢中だったのが実際のところだったと思う」と浅野は会長の当時の気持ちを推し量るが、一方で「非常に大きな世界観を持っている経営者でもあった」という。

例えば「箔一」という名前に込めた、先駆者としてのプライド。「金沢箔工芸品」を全国に通用するブランドに育てようとするこだわり。いまや金沢の伝統産業のシンボルにもなった「箔巧館」を、当時の年商とほぼ同額の投資をしてまで立ち上げた英断。食用金箔、化粧品など、全く新しい箔の用途を、次々に開拓していったこともその一つだろう。

このような第一人者としての自負は、現社長の浅野にも確実に受け継がれている。「伝統産業は衰退産業と言われがちですが、私はそう思わなかった。当社のビジネス、箔がつくりだす世界、いずれにも強い可能性を感じていました。だからこそ後を継ぐべきだと思ったのです」

しかし、カリスマ的存在だった会長の後を継ぐのは、並大抵の苦労ではなかったようだ。「剛腕なだけでなく母性にも溢れ、社員の面倒見がよかった会長の存在感は圧倒的。さらに入社後は何かを任せられることもなく、後継者と言えど、社内には私の位置がなかったんです」

そこで考えたのが、何よりも意欲を見せること。「当時は毎夕一人で工場内を掃除していました。それを見て無視するのか、手伝おうと声を挙げる人がいるのか……。『絶対みなを振り向か

（右上）創業間もなくのころの箔一店舗。写真中央は創業者（現会長）の浅野邦子。（左上）金沢箔の歴史・文化を五感で体感できる観光施設「箔巧館」。（左下）金沢箔の艶やかさや美しさを生かした金沢箔工芸品

せてやろう』そんな心意気でしたね」

さらに、それまで手薄になっていた業務に自ら乗り込んでいくことで、自分の居場所を確立していった。それは例えば、ＩＴであり、人事であり、品質管理の領域だった。

「ずっと家族主義的な会社でしたから、『頑張っていれば十分』のような雰囲気があったんです。しかしそれでは生き残れないと思い、入社早々から採用を仕切っていきました」

社長になるまでに約10年、早くから将来を見据えた採用を手がけてきたことは、その後の大きな財産になっているという。

一方、「攻めは強いが守りは弱い」。そんな懸念もあった。「何かトラブルがあった時に対応する仕組みや、説明するためのデータがないなど、企業体としての力が弱かったんです」

そこで浅野は、特に品質管理を最重要テーマと考え、伝統産業の世界では珍しい、ISO9001などの認証取得を積極的に行った。その後同社が、日立やプラチナ万年筆などとの幅広い商品コラボレーションを実現したこと、最近の大きな柱である箔建材事業を成長させてきた背景にも、この時確立した「大企業が求める品質水準」が大きな武器になっている。

特許戦略にも力を入れた。これは「倒産寸前の絶体絶命の危機があった、その当時の反省からだ」という。品質も特許も、同業他社が競合にならない、相見積りにすらならない競争力を追求。第一人者としての地位を強固にすることに全力を注いだのだ。

伝統産業の武器はあくまでものづくりの技術

「箔は伝統産業のポータル要素を持っている」と浅野は語る。「例えば、漆器、陶器、木工、織物さらには日本酒まで、箔はどの分野でも使われます。あらゆる伝統産業をつなぐ性質を持った伝統産業、これは箔にしかない個性ではないでしょうか」

また箔をアレンジするだけで、和を感じさせることができる。「商品の中に伝統的な和の要素を取り入れたい」という企業ニーズの受け皿として非常に重宝される存在なのだ。

「職人的な文化の強い伝統産業の世界と、現代的な仕組みで経営される大企業、その双方を媒介することで、今までになかった新たな可能性を生み出していく。伝統と先進、手作業と機械、情緒性と合理性、さまざまなものをハイブリッドする、それが当社の強みなのです」

そのために大切なのは、やはりものづくりへのこだわりだ。「規模が大きくなっても、私たちはあくまでも伝統産業の世界の一員です。用途やデザイン、売り方などは時代に即して進化させますが、使う材料、技法は受け継いでいくべきだと思っています。ＩＴやシステムが有効に機能するのも、すべてはものづくりの実力があってこそなのです」

最近は金沢を訪れる外国人も顕著に増加し、同社の商品も非常に人気が高いという。さらに香港をはじめグローバルに展開する環境を整え、新たな時代を迎え撃つ。「世界に誇る和文化の象徴として、金沢箔のブランドを高めていくこと」、それが同社の次のミッションだ。

Profile

浅野達也（あさの たつや）
1968年、石川県金沢市出身。法政大学工学部卒業後、米・ワシントン州立大学国際経営学科へ進学。1995年箔一に入社。専務取締役を経て、2009年5月代表取締役社長に就任。

株式会社箔一
〒921-8061
石川県金沢市森戸2-1-1
☎076-240-0891
創業　1975（昭和50）年
事業内容　金沢箔の製造、販売／金沢箔製品（テーブルウェア・インテリア・食用金箔・化粧品）の開発、製造、販売／建材装飾の企画、デザイン、施工／観光施設の運営
http://www.hakuichi.co.jp/

創業84年

岩瀬コスファ

売り手よし、買い手よし、世間よし 独自の開発力で化粧品の未来をつくる

3代目

代表取締役社長 岩瀬由典

江戸時代から多くの薬種業者が軒を連ねた大阪中心部の道修町《どしょうまち》。船場商人が多く集まる町で、昭和初期に一人の青年が立ち上げた「岩瀬健次郎商店」が、岩瀬コスファのルーツだ。わずかな元手で創業した個人商店から年商200億円超の化粧品原料商社へ。84年間、成長を続けてきた同社で、このほど30年ぶりにトップが交代し、3代目・岩瀬由典代表取締役社長が誕生した。100周年を見据えた新時代の挑戦が始まる。

取り扱う化粧品原料はざっと5000種類。仕入れ先企業も500社を数え、国内のほとんどの化粧品メーカーと取引があるという岩瀬コスファ。「化粧品原料で扱っていないものはない」といっても過言ではないほどの圧倒的な品揃えを誇る専門商社だ。しかし、その真の強み

は「数」ではなく、独自の「開発力・提案力」にある。納入先の化粧品メーカーには原料をただ右から左に流すのではなく、市場ニーズ、業界動向、海外の状況などの情報も提供。原料の特性を徹底的に探求し、配合サンプル、化粧品処方例を提案して化粧品開発を積極的にサポートする。さらに化粧品の効果効能を証明するエビデンス付きデータまでセットして提供するケースも少なくないという。

これまで培ってきた技術・経験を生かし、化粧品メーカーのニーズを的確に把握。仕入れ先の原料メーカーと共同で、化粧品原料としての可能性を探求し数多くの新製品を開発してきた。原料メーカーとのつながりは新原料開発だけでなく、既存原料の新たな使用方法の検討にも及び、その結果を化粧品メーカーに新しい提案として紹介する。最近では原料メーカーと共同研究を行い、学術発表にも積極的に取り組んでいる。

これらの研究・企画・開発提案は、1986年に立ち上げた研究開発部門が担う。さらに、同部門の研究室には、化粧品の試作・評価・特性測定のための機器が備えられており「開放研究室」として取引先に無料開放されている。商品を世に出すためには、安全性や効果性等を確認するための実験が欠かせないが、そのためにわざわざ設備を導入しなくても済むように取引先の商品開発をサポートし、よい商品が世に出るチャンスを広げるためだ。

2003年には、開発中の製品の安全性試験や有効性試験を受託するビオックス事業部を立ち上げた。この事業部では化粧品だけでなく食品や化学品も扱うため、新規取引先を開拓する窓口としても重要な役割を果たしているそうだ。

「開発力のある原料商社」という強みが同社の飛躍を支えたことは売り上げ推移を見ても明らかだ。1986～2014年の国内の化粧品の出荷実績は1兆1400億円から1兆4800億円と約1・3倍に拡大しているに過ぎないが、[*1] 同社の同期間の売り上げは62億円から210億円と、市場の拡大を大幅に上回る3・3倍以上の伸びを記録している。

「利は元にあり」「三方よし」の精神でつなぐ企業のDNA

仕入れ先、納入先、消費者のすべての利益を願い、原料にさまざまな付加価値をプラスして市場に送り出す。同社のそんな企業姿勢は、創業期から連綿と受け継がれてきた。

創業者の岩瀬健次郎が、商売をする上で最も大切にしていた「利は元にあり」「三方よし（売り手よし、買い手よし、世間よし）」という言葉には、まさにそのDNAが宿る。仕入れ先を大切にし、よいものを仕入れていれば、自然とよいお得意さまがつく。すると売り手も買い手も満足し、社会の役にも立てるのだと。

創業者は13歳で薬種業・小西儀助商店（現・コニシ）に丁稚奉公に出て、1931（昭和6）年に独立して「岩瀬健次郎商店」を立ち上げた。そして、お世話になった小西儀助商店との競

＊1 経済産業省「生産動態統計」による国内の化粧品出荷実績

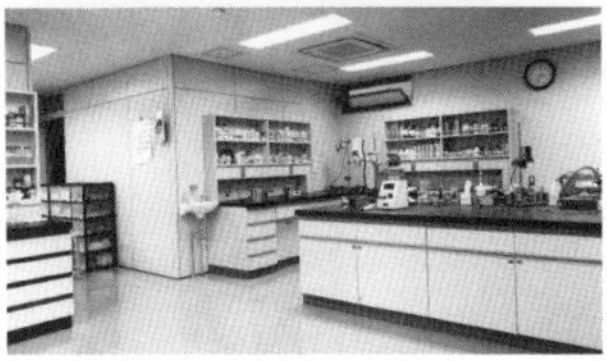

（右上）1968（昭和43）年、大阪本社前にて。右端が創業者・岩瀬健次郎。（左上）国内最大の展示会 CITE Japan の出展ブース（2007年開催当時）。（左下）大阪本社ビル内、開放研究室

合を避けるために、仕入れたアルコールを飲用・薬用ルートでは売らず、化粧品用の変性アルコールに加工して得意先をコツコツと開拓したという。「受けた恩は10倍にして返せ」が口癖で、身近な人が困っていたら借金をしてでも助け、原料の卸し先には化粧品の製法まで丁寧に指導した。川上から川下まで密接な関係を維持するために、不要な中間卸を省いて直接取引を増やすなど、強みを生かせる組織づくりも進めた。

１９８５年には長男の健治が2代目社長となり、社名をコスメチックとファーマシーを合せた「岩瀬コスファ」に変更。人事制度や福利厚生を整えて企業としての足場を盤石にしたほか、研究部門を拡充し「研究・企画・開発提案型商社」として組織化した。その後、１９９８年に上海事務所と広州事務所を開設したのを皮切りに、２００３年

には韓国事務所の開設、2012年にはケミコスファベトナムを設立しアジアを中心に海外展開にも積極的に乗り出したことで、そのフィールドは世界に広がった。2003年には上海に、2005年には広州に現地法人を設立し、同社の中国ビジネスの拠点として活動している。

「人」への投資を惜しまず、従業員の自己実現をサポート

そして3代目として跡を継いだ岩瀬由典。幼少期から創業者の祖父に可愛がられ、家族からも親戚からも当然のように「3代目」と言われて育った。小学生のころの作文には「おじいちゃんの会社を100倍にする」と健気な決意をつづったこともある。

そんな岩瀬が満を持して社長に就任し、真っ先に取り組んでいるのが、すべての従業員との時間をかけた面談だ。現状の仕事に対する不満、改善のための提案、そして夢。一人ひとりの思いをじっくり聞き取ることから、これからの企業の方向性を定めるためだ。

「企業は結局、人がすべてです。特に我々のような商社の場合、設備投資がほとんどないぶん、積極的に人に投資していかなければなりません。我々の時代は、創業期のような生きるか死ぬかの厳しい世界でないからこそ、働く意義をしっかり感じることは意外に難しい。だからこそ、当社は従業員の自己実現をかなえる環境でありたいのです」

もちろん、それは事業の安定的な成長があってこそだ。

「未来には大きな可能性を感じています。まず化粧品に関しては、男性、子ども、高齢者、海外市場など、まだまだ〝未開の肌〟がたくさんある。これらの〝肌面積〟を広げれば我々の事業もまだまだ広がります。また、当社が理念に掲げる〝美と健康〟という概念は大海原のように広い。開発提案力という強みを生かした新分野を探っているところです」

２０１５年３月にパリに現地法人を設立したばかり。これまでのアジアを中心とした市場拡大の実績を踏まえつつ、今後はヨーロッパやアフリカ市場の開拓にも力を入れる。

原料に対する豊富な知識とノウハウ、そして開発力。これらオンリーワンの強みに、従業員の夢や思いを接続して新たなる分野へ――。新時代をつくるチャレンジが始まった。

Profile

岩瀬由典（いわせ よしのり）

1972年、大阪府出身。1995年に東京農業大学農学部醸造科を卒業し、同年、岩瀬コスファに入社と同時にニチメン（現・双日）に出向して健康食品などの営業と、ドイツ駐在を経験。1999年に帰国後、岩瀬コスファの情報管理部に配属。取締役副社長を経て2015年4月に3代目として代表取締役社長に就任。

岩瀬コスファ株式会社

〒541-0045
大阪府大阪市中央区道修町1-7-11
☎06-6231-3456
創業　1931年（昭和6）年
事業内容　化粧品・医薬品・ハウスホールド用品・機能性食品・栄養補助食品等の原料供給、前臨床試験受託
http://www.cosfa.co.jp/

創業68年

矢場とん

名古屋の食文化である「みそかつ」を通じて大衆食堂という日本文化を後世につなぐ

3代目

代表取締役社長 鈴木拓将

矢場とんの歴史は1947年、創業者が串かつにみそダレを付けて売り出したことに始まる。その後「みそ串かつ」はナゴヤ球場の名物となり、名古屋めしのブームにも乗って「みそかつ」は名古屋の食文化を代表するものになった。年間210万人に「みそかつ」を提供するまでに成長した現在の矢場とん。「町の大衆食堂」が会社組織に、家業から企業へと進化した裏側には、2代目社長と、〝女将〟の熱い思いと、その思いを実現した3代目の決断があった。

最初の改革者は、2代目社長の妻である〝女将〟だった。「母（女将）はサラリーマンの家庭からお嫁に来て、矢場とんで働き始めたのですが、当時の店舗は地元の男性客を中心にする〝街の大衆食堂〟で、料理の器はプラスチック製、安くてボリュームさえあればいいと考える店でした。女将はそれが嫌で、『自分の友だち（当時は20代の）を呼べるような店』にしたかった。そのために食器を陶器に変え、暖簾も新しいデザインに、看板メニューも串カツからとんかつにするなど、自らが目指す理想のカタチに忠実に、店の改革を進めてきたのです」

そう語るのは、2014年6月に3代目社長に就任した鈴木拓将である。メシ屋で育った2代目社長と、サラリーマン家庭で育った女将には、外食に対する考え方に大きな違いがあった。女将にとって外食とは、夢がある特別なものだったのだ。

「両親の役割は、旅館の親父と女将の関係に似ていたと思います。親父は中日ドラゴンズの選手たちと交流があるなど、対外発信が得意で、財布の勘定はあまり得意ではない。一方の女将は、住み込みの従業員たちの母親代わりにもなり、店の内部をしっかり統率してゆくタイプ。そんな女将が目指したのは〝一流の大衆食堂〟。現在の土台をつくったのは、女将の功績だと思います」と鈴木は振り返る。

大胆な改革と新店舗づくり実施、家業から企業への脱皮を図る

鈴木が同社に入社したのは1998年。大学卒業後、鈴木は学生時代からアルバイトをしていたヒルトン名古屋に就職。ベルボーイから始まり、約5年間にわたって、言葉遣いから社会人としての姿勢、一流のサービスのあり方を厳しく仕込まれた。そんな折、女将から「会社を

もっときちんとしたい、経営に協力してほしい」と頼まれたのだ。

小さいころからなんとなく跡を継ぐのだろうと考えていたが、ヒルトンで働くうちに矢場とんをもっと進化させたいという思いが強くなった。「ホテルで働いていた時、お客さまからよく『おいしいみそかつの店を教えて』と聞かれたんです。とんかつの店ではなく、みそかつの店。その時、名古屋といえばみそかつなのかと再認識したし、『父親がやっている店があるので行ってみてください』と堂々と言える店にしたかった。女将の思いと似ていますね」

そんな鈴木にとって、当時の同社の経営はひどく緩く見えた。矢場町本店は約2億円の売り上げがあったが、経営は見た目ほど楽ではなかった。そこで、〝先貰い後払い〟という飲食業独特の支払いの流れを整理し直し、2代目がこだわっていた名古屋ドームの弁当販売など不採算事業から撤退し、経営方針に従わない従業員を大胆に入れ替えた。

「かなり葛藤があったのは事実です。急な改革だったし、女将からも〝そこまでやらなくても〟と言われたりもしました。けれど、家業から企業へ、会社をきちんと経営していくためには必要なことだったと思います」と鈴木は振り返る。

2001年、名古屋駅エスカ地下街に「名古屋駅エスカ店」をオープンする。目標は、味噌煮込みうどんの老舗・山本屋だった。坪単価日本一を誇る同店は、同じ名古屋めしでありながら、経営状況も知名度もまるで違っていた。当初はその山本屋の隣に店舗を構える予定だった

（右上）昭和のころの矢場とん店内。（左上）現在の矢場とん矢場町本店（名古屋市中区大須）。（左下）看板メニューの一つ「わらじとんかつ」。ロースとんかつのほぼ倍のわらじサイズの大きさが売り

が、出店エリアが急遽変更になり、人通りの少ないエリアの隅に追いやられた。だが鈴木はめげずに、遠くに見える山本屋の行列に向かって「創業50年の矢場とん、エスカに進出しました！」と連日大声で呼び込みを始めた。近隣の店舗から「うるさい」と怒鳴られながら。

「今にして思えば、不利な立場からスタートできたのは幸運でした。当社が地元で意外と知られていない事実も知ることができたし、積極的な営業活動が必要なこともわかった。山本屋の隣ですんなり売り上げを上げていたら天狗になっていたと思います」

エスカ店は3年後に、目標だった山本屋を売り上げで上回る実績を上げた。鈴木が経営に手応えを感じ始めた瞬間だった。２００４年には、愛知万博に先駆けて知名度を上げるため、銀座4丁目

に「東京銀座店」をオープン、念願の東京進出も果たした。

秘伝のみそダレの味を継承、〝一流の大衆食堂〟を目指す

積極的な店舗戦略が当たったとはいえ、同社の成長を支えたのは商品力、つまりその味にある。生命線とも言うべき「みそかつ」のタレは、たった一人の〝味の見張り番〟によって守られている。現在75歳になるという〝見張り番〟の味覚が、同社の味を支えているのだ。その秘伝の味の継承が大きな課題だったが、2000年からセントラルキッチン方式に転換し、全店のタレはそのキッチンで仕込まれるようになった。そのレシピを継承する方法を確立したのだ。

「見張り番は、創業者（祖父）と一緒に働いてきた方なのですが、昔気質の料理人なので、簡単に他人にレシピを教えない。そこで気心の知れた昔の従業員に依頼して再雇用し、その人の下についてもらった。そんな苦労もあってレシピが明文化されたのです」

もう一つ、鈴木が継承しようと心がけているのは「大衆食堂」という日本の文化である。女将が目指した〝一流の大衆食堂〟、3代目もそれを受け継いでいる。

「当社をレストランにするのは簡単なんです。例えばホテルならば、お客さまの要求にノーと言わないのがサービス。それは客単価をたくさんいただきサービス料も取っているから。当社では責任の取れないサービスは提供していません。預かった上着を汚してしまっても責任が取

れないから、ハンガーを用意するところまで。その代わり美味しいお茶をサービスで提供したり、メニューの相談には積極的に乗る。店舗の地域特性に合わせて座敷や個室もつくる。それが当社が目指す大衆食堂なんです」。サービスの品質がレストランとは違う。来店者が肩肘張らず、心地よく食事できるサービスの提供、それが目指すものなのだ。

具体的な目標は、「名古屋の食文化であるみそかつを後世に残していくこと、大衆食堂という日本の文化を残していくこと」と語る3代目。2014年にはタイに海外第1号店もオープンした。会社経営にあたっては、「従業員は会社に働かせてもらっている。会社は従業員に働いてもらっている」という女将の言葉を忘れずに陣頭指揮を執っている。

Profile

鈴木拓将（すずき たくまさ）

1973年、愛知県名古屋市出身。大学時代からヒルトン名古屋に勤務し、ベルボーイなどを務める。その後、1998年矢場とんに入社。母である2代目女将とともに店舗改革に取り組む。2014年6月代表取締役社長に就任。同年11月、初の海外店舗をタイ・バンコクに出店。離職率が高い飲食業界において、驚異の離職率9％を誇る。

株式会社矢場とん

〒460-0011
愛知県名古屋市中区大須3-6-18
☎052-252-8810
創業　1947（昭和22）年
事業内容　名古屋名物みそかつ専門店
http://www.yabaton.com/

創業43年

協和物産

既存顧客を大切にして新規を獲得する独自のセールスを継承しさらなる発展を図る

2代目

代表取締役社長 村野隆一

和・洋・中問わず、多彩な品揃えで少量からの注文にも対応する、外食産業専門卸商社の協和物産。1972年に中野で創業し、2004年に江東区東雲に移転。さらなる躍進を見せる。現在では約1万アイテムの食材を、首都圏約2000軒の店舗に配送しているという。2代目の村野隆一は、創業者である先代が築き上げた営業のノウハウを引き継ぎながら、「社員の子どもや孫が働きたいと思う会社にしたい」という強い思いで経営を行っている。

協和物産は、新規顧客獲得のための飛び込み営業はしないという。2代目社長である村野隆一は、先代からのその教えを納得しつつ継承している。「先代はいつも、『納品などでお店に行った時、決裁権がある人だけではなく、他のスタッフやアルバイトの人たちにも、みな同等に接するべき』と言っていました。お店の人たち全員に、きちんと挨拶をしてコミュニケーションをとるのは当然のこと。それが次の商売にもつながっていくのです」と村野は説明する。

飲食店で働く人たちの中には、今働いている店舗で勉強してからその先独立していく人も少なくない。つまり、同社が親しくしている取引先のスタッフが独立して決裁権者となった時に、以前の「気持ちのよい対応」を覚えていれば、そこからまた新たな取引へとつながっていく可能性も高いというわけだ。

「いいお客さまは、いろいろな形で、いいお客さまを紹介してくれる。この業界には、その連鎖があるのです。食材商社の場合、扱っている商品はどの会社もほとんど同じです。つまり飛び込みで営業をすると、価格競争になってしまうケースが多く、取引が一過性のものになる可能性も高い。ですから当社では、あくまでも既存のお客さまを大切にし、その信頼関係から生まれる紹介や進展にこだわっています。それがセールスのコツであり、当社が〝いい顧客を持っている〟と言われる理由もそこにあるのです」

同社は1972年、創業者である父親が設立した。村野が物心ついたころ、会社は中野区にあり、家は会社の延長だった。家の中に業務用冷蔵庫があったり、一部屋がつぶされて倉庫になったりするなど、積み上げられたダンボールの中での生活が、村野の原風景になっている。

「子どものころはお小遣いがなく、会社で手伝いをしてお駄賃をもらっていました。小学校が夏休みに入ると、昼飯付きで1日500円の日雇いバイト(笑)。そんな経験の中で、父親と社員との関係、お客さまや仕入先とのやり取りなどを見ているうちに、自然と会社の全体像というものを理解するようになりました。いわば私は会社に育てられたようなもの。そのため、父親から明言されたことはないのですが、会社を継ぐことは私にとって自然なことでした」

入社3年目に思わぬ病に倒れ、経営を見直す転機に

大学卒業後、大手食品メーカーに7年間勤務した後、2004年に入社する。しかし、このころ同社は売り上げ減の危機を迎えていた。それまで外食産業の成長に合わせて事業を拡大し、1995年には酒類販売にも着手。新宿歌舞伎町の飲食店舗向けの取引を大幅に伸ばしていたのだが、リーマンショック後に酒類販売が激減。数千万円単位の不良債権が発生したのだ。

そのため、本来の業務用食品主体に回帰することを決め、さらに本社も現在の地に移転するなど、積極的な攻勢を進めた。仕事は多忙を極めたが、やりがいも感じていた。

ところが入社3年後、村野は思わぬ病に倒れる。「舌癌と診断されたんです。リンパに転移していたら危ないと言われたんですが、幸い転移はなく、手術と1カ月ほどの入院生活で、復帰することができました」。この入院生活は、村野自身にとって大きな転機となった。

それまでは、すべて自分が動いて解決していこうとしていた。ところが入院中に売り上げの

（右上）設立当時のまま現存しているスレート板造りの旧社屋。（左上）現在の本社社屋（江東区東雲）。（左下）毎日のように開催されているメーカー試食会

データを取り寄せて見ていると、自分がいない間に過去最高の売り上げを出していた。

「GW前で売り上げが伸びる時期だったのですが、それでも自分がいなくても会社は回る。ならば自分にしかできないことをやったほうがいいのではないか、そう思ったんです」

退院後は、経営と財務を徹底的に勉強した。会社が拡大していく過程で、営業・仕入・財務のバランスが崩れてきているように感じていたからだ。取引ロットが増えても仕入れ価格が同じなど、契約条件の甘さが目立った。食材は季節による変動が大きく、仕入れと支払いタイミングが悪いと、キャッシュがたちまち不足する。

「なぜ売り上げが伸びているのに利益が上がらないのか、それが不思議でした」と村野は振り返る。そこで主に財務改善に注力した。

不透明な出資金や貸し倒れなど、〝40年の垢〟を落とし、精緻な決算書を作成。会社の数字を細部まで理解し、決算後は銀行に出向いて報告をするようにした。また無駄なコストの削減に加え、必要と思われる分野には積極的に投資するなど、財務の健全化を図った。そして2012年に社長に就任する。

社員の子どもや孫が、ここで働きたいと思ってくれるような会社にしたい

「東京は世界に誇る外食都市で、当社はその外食文化を支えている自負があります。ものを右から左に流しているだけの中間流通はもう終わり。現在は食材の点数も増えて多様化し、情報が多過ぎて店舗のお客さまも選択に迷う時代。そこで私たちが店舗のニーズに合わせて食材をカスタマイズし提案をすることで、より魅力的なお店づくりに貢献できるのです」

村野が心がけているのは、なるべく現場に顔を出すこと。社員や顧客と情報を共有することで、自らのマーケットの感度を高め、現場の動きも把握できる。何より、同じ目線でともに仕事をすることで社員との距離が縮まり、よりいっそうコミュニケーションを深められるという。

最近では、メーカーによる試食会を頻繁に開催している。「自分たちが実際に賞味するからこそ、自信を持って商品を売れる」と、全面的に現場に運営を任せ、拡売商品の決定も任せている。さらに、その情報を紙媒体やメルマガで配信したりと、スタッフそれぞれが自主性を高め、

「社内全体に仕事への意欲が高まっている」と期待を寄せる。

村野は先代について、「たとえて言うならば、長嶋茂雄のような感性の人です」と表現する。言葉がとても感覚的で、その言葉を受け取る側は、多少の推察を必要とする。だが後になって、その言葉の重さが生きてくるのだ。

先代は今でも、月に1回、自ら腕を振るってランチを社員にご馳走するという。大きな鍋で自らパスタを茹で、ソースをつくる。そうした人を大切にする社風を、2代目の村野も大事にしている。社員の子どもや孫が、ここで働きたいと思ってくれるような、そんな会社にすることが、持続可能な会社の基盤になると考えている。

Profile

村野隆一（むらの りゅういち）
1973年、東京都出身。明治大学経営学部卒業後、ヤマサ醤油に7年間勤務。2004年協和物産に入社、仕入れ担当でスタート。2006年副社長に就任。財務も担当し、経営者になるために必要なことを一通り学ぶ。2012年12月、代表取締役社長に就任。

協和物産株式会社
〒135-0062
東京都江東区東雲2-5-12
☎03-3527-7011
創業　1972（昭和47）年
事業内容　総合食品材料卸商社
http://www.kyowa-bussan.com/

創業150年

カネイ一言製茶

「長く愛され続けてきた」その歴史に立ち返り本物のお茶の価値を、日本らしさとともに未来へ

4代目

代表取締役社長 一言伊左夫

慶応元年、静岡県島田の地で創業し、積み重ねてきた歴史は150年。カネイ一言製茶は、お茶どころ静岡を代表する老舗として、絶えず本物の味と香りを追求。高品質なお茶をつくり続けてきた。今は老舗といえど、従来のままをよしとしていられる時代ではないが、「長きにわたって多くの人に愛され続けている」その歴史にもう一度立ち返ることで、「茶の心」を次世代に語り継ぎ、日本の美意識や伝統を世界に発信していく存在になることを目指している。

日本におけるお茶の歴史は、平安時代、宋（中国）へ留学した僧侶が持ち帰ったのが始まりとされている。その後、鎌倉時代の「喫茶養生記」で、お茶の効能が紹介されるなどして、少しずつ日本人の暮らしの中に溶け込んでいったようだ。

静岡においてもこのころ、やはり帰国した僧侶が持ち込んでお茶の栽培が始まった。全国的には後発の産地だったが、気候・地勢などの環境がお茶づくりに適しており、地場産業の要として注力。着実に生産量を増やしていくことになる。

大きく発展を遂げたのは幕末の横浜開港以降。お茶が主力輸出品となり、港に近い静岡がその利を発揮した。牧之原台地の開墾もこのころに行われ、茶農園は一気に拡大する。さらに静岡県清水に国際港ができたことで、これも輸出拡大の大きな後押しとなった。現在、静岡県はお茶の国内生産量の5割を超え、日本最大のお茶どころとして誰もが知る存在となっている。

カネイ一言製茶の創業は、まさに静岡でお茶が大きな産業に育とうとしていたころのこと。当初は雑貨商を主体としていたが、2代目が本格的に茶業を営み、現在の事業の礎となった。その後、東京・大阪それぞれの有力問屋と取引を開始し、静岡茶の発展とともに、事業を成長させていく。1981年には法人化され、カネイ一言製茶として新たなスタートを切った。

「大きな転機になったのは、大手スーパーとの取引の開始です」と振り返るのは、4代目社長の一言伊左夫。「取引先の問屋の一つが、イトーヨーカドーの催事企画を行っていて、そちらに納品した当社のお茶の品質の高さに関心を持っていただいたのがきっかけです」

当時スーパーで売られるお茶は、500円前後の価格帯が主流だったが、時代がバブルに向かうころでもあり、より付加価値の高い製品を揃えたいというのが、先方の狙いにあった。

大手流通向けに思い切った設備投資。その後の急成長を形づくる

当時は専門店向けの卸が主体だった同社は、ここで思い切って設備投資を行う。小売り用の商品は初めてのため、袋詰め機械を2機購入。イトーヨーカドー向けの取引が始まった。

しかし初年度の実績は、わずかに月間500本。「それも半分が売れずに返品」という惨憺たるありさまだった。それでも先代社長の父はじっと我慢した。「1年間は様子を見よう」と。

その後少しずつ成果が見えてくるようになって、さらに投資を仕かけた。本社がある島田の地に、大型の包装工場と、自動収納ができる大型冷蔵庫を建設したのだ。「土地から購入したため、当時の年商の半分ほどにもなる大型投資でした。かなり思い切ったみたいですよ」と一言は、当時の父の英断を振り返る。

その目算は見事に当たった。2000年には、当初の200倍以上、年間120万本を売り上げるまでになったのだ。そして本格的な「企業体」としての姿を確立していった。

しかし一方で、お茶の市場を取り巻く環境が、変化しつつもあった。例えば核家族化の進行や共働き家庭の増加などで、家族みんなでお茶を飲み語らうというシーンが減っていった。

ペットボトルの登場も、お茶のマーケットを激変させた。「そもそもお茶を飲む時間は、人と人が触れ合う、心安らぐ癒しの時間でした。しかしそれが喉の渇きをいやす、ゴクゴク飲みほ

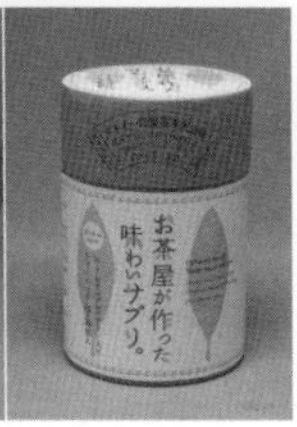

（右上）1970年代前半、日産自動車のCMで使われた一言家生家。（左上）農林水産大臣賞を3度受賞したカネ東三浦園のご一家。（左下）2014（平成26）年から発売した新商品、黒豆・煎茶・ほうじ茶の「ラテ」3種と、「お茶屋が作った味わいサプリ。」

すものへと変わっていったのです」

東日本大震災も大きな打撃となった。風評被害などで静岡のお茶は軒並み販売量を激減させたのだ。「その少し前に、テレビ番組で健康をテーマに掛川茶が特集され、爆発的に売り上げが回復しました。『これでじり貧から脱出できそう』。その直後ですからショックは大きかったですね」

この逆風真っただ中の2011年5月、一言は社長に就任する。「まず心がけたのは、経営をガラス張りにすることでした。工場と販売の現場それぞれの情報を共有し、例えば売れ筋をしっかり把握し、機動的に納品できるようになど、意思疎通のしやすい環境を整えました」

一方、プロ意識の底上げにもこだわった。「よいお茶を卸すだけではなく、そのよさをお客さまに理解いただき、手に取ってもらうところまでバッ

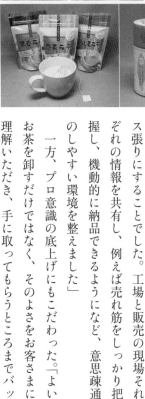

クアップできるように」専門知識や売れ行きの〝確度〟などを、売り場に提供する姿勢を強化したのだ。新規営業力にも力を入れた。主力だったスーパーや専門店以外にも、外食向けにチャネルを開拓。お茶との相性がいい寿司チェーンなどで、取引の裾野を広げていった。

芳醇な一滴一滴に満ちあふれる、日本の伝統と美意識を伝え続ける

もちろんその前提には、高品質の商品を安定して提供し続けることがある。「最近は、安全・安心がテーマになりがちですが、市場に出す時点でそれは必要最低限のこと。本物で最高のお茶へのこだわりが、プロであることの使命だと思っています」

例えば、同社が3代にわたって取引している「カネ東《トウ》三浦園」は、全国茶品評会の最高栄誉である農林水産大臣賞を親子2代にわたって計3回受賞した、日本が誇る茶園の一つだ。「生産者が日々自然のリスクと向き合い、真摯な姿勢でお茶を育てている」その点を理解することから始まると、一言は語る。そしてその最高の茶葉をどう生かしていくべきか……。

「お茶のよしあしを図るには、長い修練で研ぎ澄まされた五感が必要です。しかし本物の職人には、さらに『お茶と対話する』感性、第六感が求められます。非常に属人性の高い世界なのですが、これこそが職人の仕事だと思っています」

収穫のたびに茶葉に熱湯を注ぎ、その厳しい条件下でお茶がどう個性を出すか、香り、味、

水色を確かめる。そしてそれぞれのよさを最も引き出す合組（ブレンド）を考える。

「最近、コーヒーやお茶の常用が、死亡リスクを軽減すると発表され話題になりました。これは新たな追い風になると期待しています。しかしお茶が健康によいことは、先人たちから長く言い伝えられてきたこと。例えば、がん予防、血圧対策、ダイエットなどさまざまな効果が期待されていますが、私たちは『これだけ長くお茶が愛され続けてきたこと』その原点に立ち返ることが重要だと考えています。以前『売り上げは追い越せても歴史は追い越せない』そんな言葉をいただいたことがありました。老舗であることで何ができるのか、その意味をもう一度かみしめ、お茶を通じた芳醇な日本文化を語り継ぎたいと思っています」

Profile

一言伊左夫（ひとこと いさお）

1961年、静岡県出身。専修大学商学部卒。地元の代議士秘書を延べ3年務めたあと、1988年8月にカネイ一言製茶入社。2011年5月に代表取締役社長就任。

カネイ一言製茶株式会社

〒427-0019
静岡県島田市道悦1-1-9
☎0547- 37-2196
創業　1865（慶応元）年
事業内容　荒茶加工、袋詰加工、ギフト加工 及び 販売
http://www.hitokotoseicha.jp/

創業79年

中川ケミカル

モンスター商品「カッティングシート」の開発が原点 〝経営参謀〟の育成で、スムーズな世代交代を果たす

3代目

代表取締役社長 中川興一

今では一般名称化している「カッティングシート」は、実は中川ケミカルの登録商標である。その斬新性ゆえに、普及までには長い苦難を重ねたというが、適正利用のための啓蒙活動など、切って貼る文化を社会に提唱。生活空間のあらゆるシーンで利用されるほど社会のスタンダードに育て上げた。創業以来〝体育会系〟の風土を持つ会社でもあり、その突破力と結束力を生かしつつ、時代の先を見据えて、〝モンスター商品〟の次の展開に取り組んでいる。

「カッティングシート」が世に出て認められるまでには、開発から10年以上の月日が必要だったという。今でこそ、町を歩けば、サインやショーウィンドウなど、あらゆる場所でシート素材が活躍している。だが開発当時、看板などのサインは塗料を筆で塗る職人芸の世界だった。

「線一本引くのに10年かかる職人の世界ですから、非常に保守的でした。カッティングシートがなかなか受け入れられなかったのは、業界の反発というよりは、〝筆をカッターナイフに持ち替えてもらう〟のに、時間がかかったから」と語るのは、3代目の中川興一社長である。

普及には時間がかかったが、時代の追い風で急成長

中川ケミカルの前身は、先々代が1936年に創業した看板・内装を主業務とする中川堂（現在も存続）である。先代が新素材開発部を立ち上げ、塗装に代わる切って貼る色の素材として、カッティングシートの開発を始めたのは1961年。塗りムラを防ぎ、色の再現性が高く、工期を短縮できる画期的な素材だと自負していたが、普及には時間がかかった。販売が軌道に乗り始め、中川堂から分離独立し、同社がスタートしたのは1975年になってからだ。

「二代目である父はバイタリティが半端ではなく、カッティングシートは必ず成功するという神懸かり的な信念があったようです。しかし当初は金を食いつぶすばかりで、祖父は田畑をずいぶん売却したと聞いています。それでも息子を信じて支援を続けた。父が0から1にする苦労は想像を絶するものがあったはずですが、同じくらい祖父も大変だったと思います」

なかなか日の目を見なかったカッティングシートだが、JR（当時は国鉄）新大阪駅や成田空港など、大規模施設のサイン看板で使われ始めてから、サインディスプレイ業界で一気に認知

度が高まった。高度成長期に入り、やがて空間デザインという発想が生まれ、同製品を使うデザイナーが台頭、CIの普及も追い風となった。

その成長期の真っただ中の1982年、同社は「CSデザイン賞」を立ち上げる。「手軽に貼るだけで景観を変えることのできる素材だけに、色公害の危険性もあった。この素材を正しく使ってもらうためには、よいデザインに向けて積極的な普及活動が必要だと考え、自社製品にこだわらず広く門戸を開放したデザイン賞を設立したのです」

当時、デザイン界のリーダー的存在で、東京オリンピックのデザイン専門委員会委員長も務めた勝見勝氏にディレクションを依頼。現在もこの賞は続いており、「素材普及と表現の発展に貢献してきた」と、中川は自負している。1989年には㈶日本色彩研究所と共同で3000色の色システムの開発に取り組み、世界でもトップレベルの色票をつくり上げた。

"体育会系"の社風の中、経営参謀を計画的に育てる

中川が社長に就任したのは2013年。受け継ぐべきものは、文字通りモンスター商品である「カッティングシート」である。入社は1999年で、倉庫の作業から仕事を始めた。

創業者のころから、同社の採用にはかなり特徴があった。先代は大学時代に日本拳法部に所属しており、その後輩たちを「絶対的に信頼できる仲間」として集めたのだ。そうした背景も

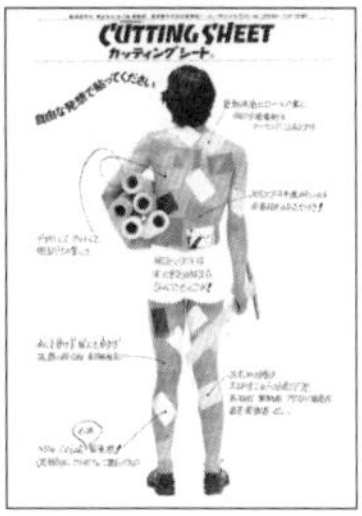

（右上）カッティングシート発売当初の広告。（左上）中川ケミカル、本部応援団。（左下）1982（昭和57）年に開催された「第1回CSデザイン賞」表彰式

あって同社は〝体育会系〟でスタート、その気風は現在も残っている。

入社当時の中川も、その気風の中で育てられた。「怒られてばかりでしたが、今となってはありがたかったですね。特に私は創業者一族なので、甘えがあってはいけない。仮に理不尽だと思うことを言われても、先輩たちを信じて逆らわない。人が成長するにあたっては、そんな滅私奉公の時期も必要なんだと思います」と中川は振り返る。

ただし一社員として会社を眺めた時、疑問に思う面もあった。例えば会社としては同じ方向を向いているはずなのに、部署間でよけいな軋轢があったりもする。「会社が成長している時期ならば、体育会系のよさが原動力となりますが、伸び悩む時期になると、タテ割り組織の弊害が出てくる。社内の空気に、違和感を感じていました」

そこで営業部長になって、まず営業部の人事に手をつけた。年功序列を打破し、より実践的な評価の仕組みに切り替えた。また部署間の垣根を取り払うために研修制度を復活、外部の研修機関を使いながら、「感謝する気持ちの育成」にもう一度取り組み始めた。

とはいえ2代目から3代目への世代交代は、比較的スムーズに行われた。その大きな要因となったのが、経営参謀の存在である。初代経営参謀は先代に仕えるとともに先代が思い描く企業文化をつくってきた。そして、先代より全社員に現社長への後継者宣言があったタイミングで、経営参謀も初代から2代目へと役割が引き継がれていった。2代目となる経営参謀は、先代を立てながらも、次代社長の息子も同時に立てる、そのバランス感覚に優れていた。父子間の翻訳者として諸々の交通整理を上手にしてくれたという。彼は、中川がまだ学生時代から、何かと面倒を見てくれた存在であった。元日本大学応援団の団長で、中川の憧れの人でもあった。その人物が社長の経営参謀として、世代間を橋渡ししてくれたのだ。

同社は2001年に、発注と仕入れのタイミングのズレから、経営危機に陥ったことがある。それを反省して経営の見直しを図り、以来、経営参謀を大学院のビジネススクールで勉強させる習慣ができた。2代目経営参謀も初代にならい、さらに現在は3代目の若手が大学院に通い経営を学んでいる。同社では、社長を補佐する参謀を計画的に育成しているのだ。

来年は、カッティングシート発売から50周年。市場はほぼ完熟し、成熟期に入っている。プリントシートの隆盛もあり、市場の変化も見られる。その中で同社は、カッティングシートの販売だけに頼らないビジネスモデルの構築を図っている。「今取り組んでいるのは、素材提供だけでなく、空間をつくるお手伝いという発想です。いわばコンシェルジュ的な存在となり、時には他社製品も取り入れながら、クリエイティブな側面からサービスを展開していく。脱メーカーの意識を持ちながら、サービス業としての立ち位置へ向かっていくことを考えています」

大切なのは会社のコアにある、「絶対にモノマネはしない」というパイオニア精神と「色で世の中に貢献したい」というフィロソフィー。それがブレない限り、同社のレジェンドは持続していくことができると考えている。

Profile

中川興一（なかがわ こういち）

1974年、東京都出身。桜美林大学国際学部卒。1999年中川ケミカルに入社。2013年6月、代表取締役社長に就任。

株式会社中川ケミカル

〒103-0004
東京都中央区東日本橋2-1-6
岩田屋ビル
☎03-5835-0341
創業　1936（昭和11）年
事業内容　カッティングシートを含む装飾用シート等の企画・開発・製造・販売
http://www.nakagawa.co.jp/

創業38年

双栄基礎工業

売上最低迷期に事業承継。さまざまな変革を進めても「人を育てる」風土は受け継ぐ

2代目

代表取締役社長 若山圭介

双栄基礎工業は、薬液注入工法を中心とした地盤改良工事の専門企業。道路、鉄道、上下水道などインフラ建設には欠かせない存在である。1977年に創業し、順調に業績を重ねてきたが、1997年ころから売り上げ低迷に陥るとともに、2007年には先代が急逝。会社を継いだ2代目は積極的に経営変革を進めながらも、創業者が築いた「人を育てる」風土を変えることなく、さらに未来を見据えた人材育成の施策を構想している。

東日本大震災の復興事業や緊急経済対策による公共投資の拡大、東京オリンピックの誘致決定による関連インフラの整備など、今後5～6年は建設業界に追い風が吹くと言われる。一方で、建設業就業者数は減少の一途で、業界は今、空前の人手不足感に覆われているのも事実だ。

こうした人手不足が深刻化する建設業界にあって、常に新しい戦力を獲得してきたのが双栄基礎工業だ。技術者の平均年齢も40歳前後と、業界平均の55歳と比べて断然若い。

そもそも同社の強みは、設計・施工に必要な大型機械や資材、管理者や技能者といったヒト・モノを、必要な時に必要な量だけ現場に投入できるワンストップ体制にある。この機動的な体制と丁寧な仕事ぶりが、多くの取引先から高い評価を受けてきた。創業者である先代は、この体制を維持し続けるために、どんなに儲かっても本業以外への投資はせず、業界全体が人員整理を行っても頑なに雇用を守り続けた。

先代には「うちの会社は学校だ」という強い思いがあったようだ。やんちゃな若者を積極的に受け入れ、自ら指導や教育を行い、社会人としてチャンスを与えた。どんな社員も一度入社したら〝身内〟として扱った。この「人を大切にする」ポリシーは、2代目である若山圭介も受け継ぐ、同社の核になるＤＮＡである。

資金調達と新規営業の積極化で健全な経営基盤を確立

順調かに見えた同社の業績も、公共工事の大幅減少の影響を受けて、１９９７年ころから悪化を始めた。売り上げは底を迎え、借金が拡大する一方。そんな時に、事業承継が起こった。

若山は先代の娘婿。以前から承継の話はあったが、当時勤めていた銀行の仕事が面白く、当初は断っていたという。しかし、もともと起業志向があったこともあり、銀行の仕事を「やり切った」と実感を持てるようになった32歳の時、承継を決心する。

その直後に先代が急逝する。何も考える時間もなく、準備もままならないまま、若山は入社翌日に社長に就任した。

「この時は、約30人の正社員と約100人の職人と、その家族の生活を背負っている責任感でいっぱい。投げ出したら終わりという思いでした。ただ私が31歳で、ナンバーツーも35歳。管理職も30代がほとんどでした。将来を見据えた時、この平均年齢の若さなら十分勝負できるという思いもありました」

一方で若山は、先代社長時代の番頭格をアドバイザーとして会社に呼び戻している。伝統的な業界だけに、若い勢いだけではなく〝大人の意見〟が重要になる時も必ずあるはずと、経営者としての冷静な判断からだ。

2代目として若山が最初に手をつけたのが、毎日の資金繰りの組み立て。以前は、先代社長の頭の中にだけあり、社内の誰もわからない。若山は過去数年分の預金通帳を分析しながら資金繰り表をつくり、〝いつ、どんな支払いが行われ、どんな入金があるか〟を、まずは把握しようとした。とはいえ会社にお金はない、借金や税金の支払いを延ばさなければならない。

「代表者交代の挨拶に行った銀行で、同時に借金の返済延期の交渉もしました。現在の市場動

（右上）創業者自筆の「安全第一」の額を、今も大事に掲げる。
（左上）2015（平成27）年6月開催の「安全衛生推進大会」、参加規模は200名近くに拡大。
（左下）液状化対策の実験工事現場

向や当社の今後の受注状況、社長としての私の意欲を伝え、理解してもらいました」

金融機関出身のキャリアが信頼されたのかもしれない。新しい決算書と事業プランを持参し、同じ金融機関から借入を行い、一方で新しい金融機関を開拓し、多額の資金調達にも成功している。

会社の営業も、待つだけの体制から攻めに変えた。同社の営業は1社との取引が売り上げの60％を占め、ポートフォリオの面で不安があった。ポートフォリオを細分化したい若山は、この60％を分散化させるためにも、新規営業の拡大に取り組んだ。しかも簡単な方法でだ。同社はほとんどが技術者である。その技術者たちが一度でも仕事をしたことのある会社に、直接電話を入れたのだ。仕事を高く評価してくれていた会社は、この電話を歓迎し、少しずつ新規の取引先が増えていった。

薬液注入工法の仕事も徐々に広がっていく。注入する材料が多様化し、新しい用途が生まれ、その需要も拡大。それが土壌浄化、液状化防止、耐震補強などの事業分野になった。

海外展開にも積極的だ。今では単なる技術者派遣ではなく、地盤改良工事を一式で請け負い、仕事の幅も拡大している。現在もインドネシアやバングラデシュのインフラに関わるプロジェクトが動いているが、東南アジアの建設投資の伸びからも、将来的には海外事業比率は7割と予測。「上手に技術移転を進めていけば現地の収入も上がり、国際的な社会貢献ができることになる」と考えている。

「人を育てる」理念や組織・風土を残していきたい

2012年から3年間、若山は東京・青山の事業構想大学院大学に通った。会社の売り上げは徐々に戻っても、5年先のビジョンが見えない不安があったからだ。大学院で事業のプレゼンテーションや、さまざまな人と交流する中で発想を得て、若山は次々と積極策を打ち出すようになる。薬液注入の隣接工種への進出、事業の地方展開、新宿への本社移転など……。

移転によるブランドイメージを活用して、大学の新卒採用にも着手。昨年度は11名の採用に成功した。会社のロゴや作業服も一新した。「会社変革を進める中で、本気で経営を極めたいと思うようになりました。社員からは、社長がここ数年でいちばん変わったと言われます」

若山は会社のＤＮＡとして、「人を育てる」理念や組織・風土を残していこうと考えている。

「一人しか通らない橋も直さなきゃいけないし、同じ水道管を使い続けるわけにはいかない。つまり、将来にわたってインフラ工事がなくなることはない。この世界、若い人が多いと機動力の面で絶対に勝てます。そして年配者の知識を上手に活用すれば、かなりの技術者が集まる会社になれると思っています」

若山の頭の中には、ドイツのマイスター制度を採り入れた、高度なスキル、マネジメント力、現場対応力を備えたメタルカラーを育成する学校を立ち上げる構想もある。その結果、薬液や機材・資材も自社開発し、「差別化された技術者集団」に進化することを見据えている。

Profile

若山圭介（わかやま けいすけ）
1975年、岡山県出身。上智大学法学部卒。みずほフィナンシャルグループ（入社当時、富士銀行）を経て、2007年双栄基礎工業入社。即日から代表取締役社長に。趣味はゴルフ、読書（純文学では村上春樹が好き）。

双栄基礎工業株式会社
〒160-0023
東京都新宿区西新宿1-23-1
ＴＫ新都心ビル10Ｆ
☎03-5909-7145
創業　1977（昭和52）年
事業内容　薬液注入による地盤改良の設計・施工、高圧噴射攪拌抗の施工など
http://soei.tokyo/

創業76年

メモリアルアートの大野屋

4代目

代表取締役社長 大澤静可

自らの内なる声に素直に耳を傾ける 自分自身を変革して経営と事業を継続

東京新宿に本社を置き、墓所・墓石の販売から、葬儀や仏壇・仏具の販売、保険などのサービスをワンストップで提供するメモリアルアートの大野屋。書道家・武田双雲氏とのコラボレーションによる墓石彫刻サービスや、手元供養の新提案（オリジナルジュエリーシリーズの展開）などユニークな商品開発でも知られる。「遠くの親戚より近くの〝大野屋さん〟」をモットーに成長を続ける同社の継続の秘訣は、社長自らの変革にあった。

常識にとらわれない変革は、メモリアルアートの大野屋のＤＮＡなのだろう。多磨霊園裏門前で後発の石材店として創業したのは、１９３９年。当時、墓石は需要が多かったため、ただコツコツと商売を続けていれば安泰だった。しかし創業者は、ただの墓石販売にとどまらず、寺院と共同で霊園の開発を始めるなど、商売の幅を大胆に広げた。その後を継いだ2代目は、さらに変革を推し進めた。4代目である大澤静可は、父親である2代目をこう形容する。

「親父は、この業界を〝半纏から背広に変えた男〟と言われています。伝統は守りつつ、職人気質の残る業界を、合理的な企業体が活躍できる業界へと革新したのです」

その代表的な一つが、1969年にスタートした建墓ローンである。きっかけは顧客のニーズだった。突然の葬儀で費用が不足する顧客のために、墓石購入ローンを開拓したのだ。当時はまだローン自体が未発達の時代であり、担保がないという理由で金融機関からはなかなか受け入れてもらえなかった。だが、ある地銀の理解によって開始したところ、顧客の反応は上々で、これが生前建墓の需要の引き金になり、同社が急成長する要因となったのである。

このほか2代目は、1973年に、石材業界では日本初のテレビCMを開始するなど、常識にとらわれない戦略を次々に打ち出し、社名を広く世の中に浸透させた。

「世の中にないものを生み出し、強烈なリーダーシップで結果を出したことによって、社内だけでなく、業界でもカリスマ的な存在でした。業界全体の発展なくして会社の成長はないという考えから、同業に呼びかけて一緒に事業を行うこともあった」

その後、事業は3代目の社長（長兄）に受け継がれた。長兄は米国滞在経験があり、建墓・葬儀費用に備えた保険や生前予約を考案した。この時も、国内の保険会社からは「けんもほろろ」の扱いを受け、外資系の保険会社がようやく受託。実際に販売を開始すると、保険会社が驚くほどのヒット商品になった。世にないものを生み出すDNAは受け継がれたのだ。

社長就任後、精神的な重圧に押しつぶされる

大澤静可は4代目の社長である。次男であり、当初は社外で働いていたが1985年に入社。各部署を担当しながら、物流の変革など、社内事業の〝スクラップ&ビルド〟を果敢に実行した。その実績が評価されて1999年に社長就任。順風満帆と思いきや、就任直後、思いもしなかった病に倒れた。8カ月にわたる長期入院、社長復活までに約2年の月日を要した。

「社外では、建設会社のタフな現場で働いてきた自負はあったのですが、大野屋の社長に就任した途端、その重圧に耐えられなくなった。事業は順調だったのですが、社員とその家族のすべてを支えなければ、という精神的な重圧に押しつぶされてしまったのかもしれません」

父親の代までは、いわゆる創業系の「オレについてこい」式の経営方針でうまくいっていた。だが時代が変わり社員が増えると、組織を統率する経営手法が必要になる。

「振り返ると、当時の私は、すべての社員を掌握しようとしてあがいていた。だが同時把握は7人くらいが限度。そこで社長復帰後は各部署に〝七奉行〟を立て、彼らを育てることで社員一人ひとりの能力を伸ばす、つまり七奉行に事業を託すという方向に転換したのです」

（右上）創業者が、東京都府中市の多磨霊園裏門前に、石材店「大野屋」を開業したのが始まり。当時の店舗は現在もそのままのたたずまいで、多磨店として営業している。（左上、左下）最近注目を集めている手元供養商品

任せてみると、考えてもみなかった発想が社員から出て来ることもあり、「こっちのほうがよかった」と思えるようになった。七奉行とは、同社の主な事業のラインのトップに立つ人間で、経営企画本部、管理本部、セレモ事業部、墓石事業部、物流本部、関西支社などを受け持つ、執行役員のこと。いずれも大澤が抜擢した人材だった。

「任せるけれど、放りっぱなしにはしません。〝待つ勇気〟を持って、預けておいて遠くで見ている。その距離感が大事で、要するに自己判断することを覚えさせたい。判断ミス自体には怒らないけれど、報告のタイミングが遅くなったら、かなりきつく叱ります。それを繰り返していくと、判断能力が次第に向上する。やがて彼らの判断が自分と近くなってくる。微妙なズレを修正しながら、さらに判断を続けさせる。その結果、安心して各部

署を任せられるようになり、ようやく自分が〝外の世界〟に出られるようになったのです」

それまで顔を出すことも少なかった業界の組合総会などに出席するようになり、役職を担って活動するようになった。異業種交流にも積極的に参加するようになった。そしてあらためて外から会社を見ることで、視点の取り方が変化した。さまざまな出会いが生まれ、その中から中長期経営戦略「大野屋10年プラン」が生まれ、未来から現状を俯瞰できるようにもなった。

だが、社内の経営スタイルが確立したところで、今度は事業が大きな岐路を迎える。2007年度、それまで順調だった決算で赤字を計上、経営の危機が訪れたのだ。

時代の先を行き過ぎて赤字を計上、永続企業への分岐点

原因は、多大な先行投資だった。大澤が提唱する〝リビング葬〟の実現のために、都内に大型の葬儀施設を立ち上げたが、集客が思うように伸びなかったのだ。

「今から思えば、変革が時代の先を行き過ぎていた。当社のコアである墓石事業を差し置いてまで、こちらに経営資源を投入したために、収益のバランスが崩れてしまった」

赤字の翌年度から、矢継ぎ早に事業の統廃合を実行、ひたすら利益を出し続けることに専念した。ボーナスが減っても社員は離脱せず、全員が一丸で経営を立て直した。以後7期連続して黒字を達成、金融機関からの信用も取り戻した。

今、同社は再び軌道に乗り、新たな展開を始めている。例えば「手元供養」のための新サービスの開発。故人の遺灰や形見などを身近に置いておくための、小さな容器やペンダントなどを制作し、多様化する供養のニーズに応えたのだ。これが顧客からの評判を呼んでヒット、商品性を前面に立てて同業他社にも物品を卸すようになった。

「会社を存続できたのは、当社のDNAである変革を恐れなかったこと。でもいちばんの変革は、自分自身が変わったことかもしれません。その結果、各部署でトップに立つ人間たちの質感が向上した。質感というのは、その人間の表現力や思考力、事業に対する姿勢のようなものです。今はそれを土台にして、さらなる事業の継続を図っています」

■Profile■

大澤静可（おおさわ しずか）

1959年、東京都出身。成蹊大学経済学部卒。三井建設を経て、1985年メモリアルアートの大野屋入社、取締役就任。専務取締役、副社長を経て、1999年代表取締役社長最高執行責任者、2007年代表取締役社長最高経営責任者（CEO）。趣味はゴルフ、水泳、マジック。

株式会社
メモリアルアートの大野屋

〒163-0638
東京都新宿区西新宿1-25-1
新宿センタービル38F
☎03-6863-4111
創業　1939（昭和14）年
事業内容　墓所･墓石の販売、墓所造営、葬儀、仏壇・仏具の販売、保険
http://www.ohnoya.co.jp/

創業49年

シーボン．

創業50周年の〝第三創業期〟に理念を次代へつなぐ新たなチャレンジを

2代目

代表取締役会長　犬塚雅大

「美を創造し、演出する」という企業理念のもと、スキンケアアイテムを中心とした高品質な化粧品を製造・販売するシーボン．。創業当時は訪問販売が主体だったが、2代目社長への交代を機に直営サロンを主体にした販売体制に移行。現在では、製品力とアフターサービスを両輪に顧客満足を高める独自のビジネスモデルを築き上げている。そして今、50周年を前に、東証一部上場という大きな仕事をなし遂げ、新時代の理念経営が始まった。

シーボン．と顧客の接点は、全国113拠点のシーボン．フェイシャリストサロンだ。サロンでは「肌チェック」で顧客一人ひとりの肌状態を確かめ、その肌状態や肌悩みに適した化粧品を紹介する。製品を気に入って購入した場合、購入金額に応じてポイントが付与され、そのポイントで「東洋式美顔マッサージ」をメインとするサロンケアをアフターサービスとして無料で受けられる。

ただ化粧品を売るだけでなく、プロの「サロンケア」と日常の「ホームケア」を組み合わせた継続性のある美肌プログラムを提供するという独自のビジネスモデルで、リピート率の高いロイヤルカスタマーを創出してきた。

創業は1966年。先代社長が「最高の化粧品をつくれば無名のブランドでも売れる」という信念のもとに立ち上げた化粧品メーカーだ。製品は、基礎化粧品の6品セット「スーペリア」。大卒初任給が約2万円だった時代にセットで7800円という高額商品だったが、先代社長自らセールスの一線に立ち、初日で40セットを売り上げた。クレジットカードがまだ一般に普及していない時代に分割払いを導入し、購買のハードルを下げたことも慧眼だった。創業2年後には自社工場を設立し、4年後には国際化粧品コンクール（ジェトロ主催）で1位を獲得。以降、着々と製品力と販売力を築き上げていった。

そのまま順調な成長が続くかと思われたが、1980年代から売り上げが急落する。規模の拡大にともなって代理店への販売委託が増え、営業の前線までコントロールが行き届かなくなったのが原因だ。

1984年に入社した先代社長の長男・犬塚雅大の最初のミッションは、代理店が撤退したあとの販売網の立て直しだった。犬塚はまず札幌に赴任し、直営のサロンを開いて軌道に乗せた。さらに、この経験を生かして多くの拠点を代理店方式の訪問販売から直営サロンへと衣替えしていった。この経験から犬塚は「製品がどんなによくても、売る人間に誠意がなければお客さまの満足は生まれない」ことを痛感したという。

株式上場は会社と従業員を守る最適の手段

そして1986年、先代社長の急逝にともない、犬塚は32歳という若さで2代目社長に就任。この時、「本当に世の中に必要とされる会社にしよう」とあらためて誓ったという。直前の赤字による負債がのしかかる逆風の中で、札幌での経験を生かし、核となる地域に直営サロンを出店。それが軌道に乗ると、現地採用のスタッフを新店長に抜擢して支店を増やすという方法でネットワークを広げていった。拠点の増加はダイレクトに市場拡大につながり、右肩上がりで売り上げが回復。このころ、シーボン.フェイシャリストサロンの前身であるシーボン.ビューティースタジオをオープンし、東洋式美顔マッサージもスタートさせている。

訪問販売からサロン方式への転換は、男性中心の営業型組織から女性中心のサービス型組織への生まれ変わりをも促した。従業員の94%、管理職の85%を女性が占める現在の組織の土台は、この時期に確立したといっていいだろう。「ちょうど入社直後に娘が生まれましてね。会社

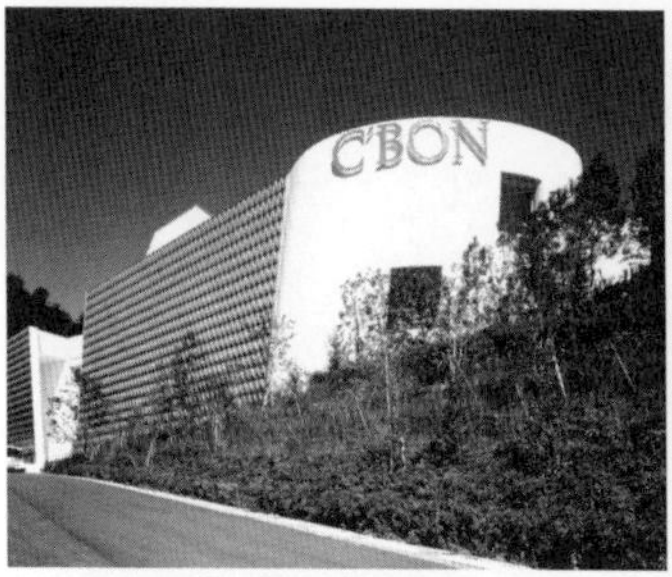

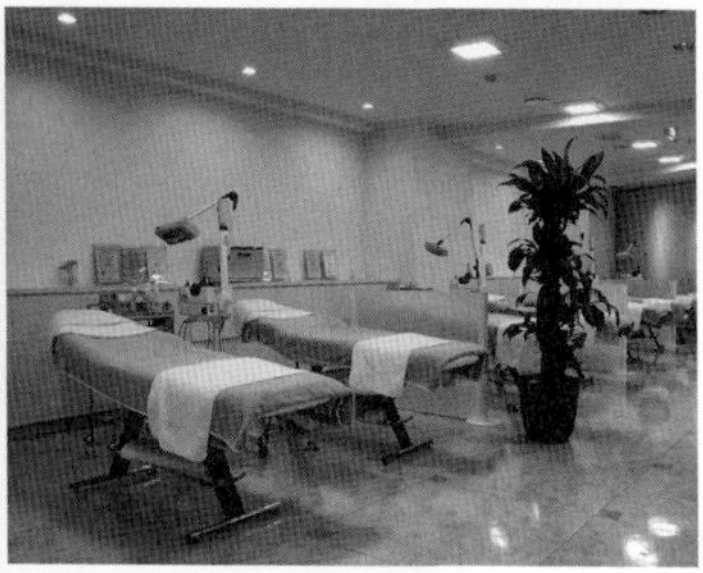

（右上）フェイシャリストサロン「シーボン美癒 六本木本店」フロア。（左上）本社機能と研修施設を兼ね備えた「シーボン.パビリオン」。（左下）シーボン.が販売した最初の製品「スーペリア６品セット」

の立て直しと子育ての時期がぴったり重なったこともあり、シーボン．という会社は私にとって、命をかけて守る娘のような存在になりました」

こうして企業のＤＮＡを時代に即したシステムに乗せて継承することに成功した犬塚が、さらに次代にＤＮＡをつなぐために選んだのが「上場」という道だ。「上場することで優秀な社員を獲得しやすくなり、株主という新たな味方も得ることができる。お客さまに株を持っていただければ経営にもよい緊張感が生まれます。今後、継続的に成長していくために最適の手段と考えました」

サロンスタッフからたたき上げでキャリアを積んだ金子靖代に２００５年に社長職を譲ると、２００９年にジャスダックに上場、２０１２年に東証二部、２０１３年東証一部へと順調にステージを上げた。

一人ひとりが起業家精神を持ちチャレンジする風土こそが「シーボン.らしさ」

２０１６年、シーボン.は創業50周年を迎える。その大きな節目にあたり、あらためて創業時から連綿と受け継がれてきた「シーボン.らしさ」を、伝えていきたいと犬塚は考えている。それは、社員一人ひとりが起業家精神を持ち、新しい分野に積極的にチャレンジする企業風土だ。

「2代目としてマイナスからスタートした時、私を最も鼓舞したのは、この企業風土でした。若い社員が、店長になりたい、新事業にチャレンジしたい……と、さまざまな夢を抱いて努力している。だからこそ、夢を受け止める器として企業を大きくしたいと思ったのです」

そんな思いで、50周年を前に従業員の行動指針「シーボン.クレド」に次の一文を加えた。

〝「新しいつながり」を作る開拓精神と「お客様の利益」を最優先で考える倫理観に基づく営業で、新規開拓・新分野に主体的にチャレンジしていきます。〟

「社員の夢、お客さまのメリット、そして会社の成長は密接につながっている」と犬塚は言う。

「かなえたい夢があれば、情熱を持って仕事に取り組める。すると満足度が高くなり、売り上げが上がる。売り上げが上がればスタッフの給与も上がる。給与が上がると感謝を込めた接客ができ、さらにお客さまの満足が高くなる……」。そんなよいサイクルを回すためにも「常にお客さまにとってのメリットをいちばんに考える」という原点に立ち戻ることが大切なのだ。

「より多くのお客さまに〝美しさ〟というメリットを提供するためには、時には化粧品という枠にとらわれないチャレンジが必要です。だから、やりたい市場、やりたい商品がある、といって自ら手を挙げた人には積極的にチャンスを与えていきたい。そんな前向きな空気感をつくるのが私の使命だと思っています」

犬塚は今、社員に宛てた直筆の手紙やビデオレターなどで、折に触れ社員に肉声を届けることにあらためて力を入れている。そして理念に基づいたチャレンジで成果を上げた社員を丁寧に拾い上げ、意識共有をすすめる。社会の公器として新たな歴史を刻み始めた企業で、その基盤をより強固にするための理念経営。いわば〝第三創業〟が始まっているのだ。

Profile

犬塚雅大（いぬづか まさひろ）

1954年、東京都出身。創業者である父の急逝にともない、1986年代表取締役社長に就任すると、代理店から直営サロンへの切り替えを進め、他の化粧品メーカーには例のない、サロンを中心とした独自のビジネスモデルを確立。2005年代表取締役会長に就任。

株式会社シーボン

〈本店〉〒106-8556
東京都港区六本木7-18-12
〈メインオフィス〉〒216-8556
神奈川県川崎市宮前区菅生1-20-8
☎044-979-1234
創業　1966（昭和41）年
事業内容　化粧品及び医薬部外品並びに美容器具等の製造販売及び輸出入事業
http://www.cbon.co.jp

創業107年

崎陽軒

3代目

取締役社長
野並直文

真に優れた「ローカルブランド」への追求がナショナルブランドをも超える価値を創出する

1日に1万9000食もの販売数を誇る横浜「崎陽軒」のシウマイ弁当。全国多々ある駅弁の中でもその人気、実績はひときわ飛び抜けた存在だ。しかし全国区の知名度を持つ「崎陽軒」「シウマイ弁当」それぞれのブランドは、必ずしもナショナルブランドを目指してつくりだされたものではない。あくまでも「ローカル」にこだわり、地元の人に愛されること、地域とともに歩むことに愚直に取り組む中で、育まれ確立されてきたものなのだ。

「横浜の名物をつくろう」。崎陽軒のシウマイは、そんな強い使命感とともに1928年(昭和3年)に誕生した。その思いはすぐに現実のものになり、いまや「シウマイ弁当」は誰もが知る横浜の代名詞。電車の中で、家庭で、多くの人が日々その美味しさを楽しんでいる。

長年にわたり、横浜市はシューマイの消費量が全国でもダントツの1位というが、まさにこれは同社の存在があってこそ。一企業の取り組みが、事業という枠を超えて、地域の新たな食文化を創造してきた好例と言えるだろう。この「横浜の名物をつくる」「横浜のシンボルとなる」という姿勢こそ、当時から受け継がれた、同社の中軸となるDNAだ。

崎陽軒の誕生は、1908（明治41）年。今から100年以上前に遡る。横浜駅（現在の桜木町）駅構内の営業許可を受け、軽食や飲み物などの販売で事業をスタートさせた。その後、弁当販売も手がけたが、横浜駅は東京から近すぎるという大きなネックがあった。東京から乗り込む人、東京で降りる人、どちらにとっても駅弁を買うには中途半端だったからだ。

その後1923年、同社は関東大震災で大きな被害を受けた。その再起にあたって、初代社長は、「弁当だけではダメだ。横浜の名物をつくろう」と新たな方針を打ち出す。

「ここで目をつけたのが、南京街（現：中華街）のどの店でも出されていたシューマイです。しかし冷めると味が落ちるという難点があり、『冷めても美味しい』を目指して味づくりを進めていきました」。そう語るのは、3代目社長の野並直文。

「美味しさの秘密は、豚肉と干帆立の貝柱です。海のものと山のもの、育ちが異なる二つのものの出会いが新たな美味しさを生み出すその妙は、シウマイだけでなく日ごろのビジネスにおいても、私たちが大切にしていきたいと思う価値観です」

本当の名物は、地元の人に愛され、地元に支えられて育つもの

崎陽軒のシウマイに注目が集まるようになったきっかけは、1950年からスタートした駅の売り子「シウマイ娘」の存在だった。赤いチャイナドレス風の衣装にたすきをつけたその姿は注目を集め、横浜駅の名物となった。さらに、当時人気を集めていた連載小説『やっさもっさ』で紹介され、映画・ラジオなどにも登場。大きな反響を呼んだのだ。そして1954年には「シウマイ弁当」を発売。シウマイと並ぶ崎陽軒の二大看板が誕生した。

翌年には、横浜駅前に鉄筋コンクリート3階建てシウマイショップを竣工する。総ガラス張り、丸いエレベータの建物、調理場が見えるオープンキッチンなどの構造は、当時非常に珍しく、多くの人々を驚かせ、横浜復興のシンボルともいえるものになった。

さらに、日本橋の高島屋から出店の依頼を受け、東京進出第1号店がオープン。以降、デパートなどへの出店を拡大し、駅以外の販売拠点を開拓していった。この過程で、同社の商品は「駅で買って電車で食べるもの」という駅弁の定義を超え、観光客だけでなく、地元の人々も主要な顧客になっていくことになる。

野並は専務のころ、父親に「今後崎陽軒は、全国に展開するナショナルブランドを目指すか、横浜に根ざした企業を目指すか、どちらを選ぶか」と問われたことがあるという。その時選ん

（右上）連載小説や映画・ラジオでも話題を集めたシウマイ娘。（左上）発売当初のシウマイのパッケージ。（左下）家族連れに大人気のシウマイ工場見学

だのは、地域密着ローカル路線だった。

「当時の大分県知事だった平松さんが一村一品運動を展開されていて、お話を伺う機会がありました。その時に、一村一品運動の理念、すなわち『真にローカルなものがナショナルブランドになる』という持論を語られました。そこで『よし、崎陽軒もこの路線でいこう』と決めたのです」

ローカルブランドは農耕型のビジネス。ある場所ある地域にしっかりと根を張って、土壌から栄養分を吸い上げて、根を張り、木を伸ばしていく。足もとの地域との関係が重要になっていく。

「よく『名物に旨いものなし』などと言われますが、本当の名物は地元の人に愛されるべきものだと思います。地元の人に支えられていて私たちがいる、その気持ちにいつも立ち返り、期待に応え続けなくてはいけないのです」

伝統とは、先人たちが目指したものを、自分たちも目指すこと

野並が社長に就任したのは1991年、バブル崩壊で消費の冷え込んできたころ。「ちょうどこの時、本店の建設計画が進んでおり、借金は膨らむ、売り上げは下がる。『これはつぶれてしまうんじゃないか』と強い危機感を持ち、かなりドラスティックな改革を行いました」

中心となったのは人事制度。典型的な年功序列方式だったのを、実績に即した評価に切り替え、大卒を含む採用に切り替えた。「それまでは、現場経験を積んだ人間が幹部になって偉くなっていく。ある意味、職人文化が強い会社でした。しかしこれからは、マネジメントをわかっている人間がそれに合わせた仕事をしていく時代。そう考えたのです」。結果的に、その変化についていけず、やめていった者も少なくなかったというが、無事立て直しに成功する。

この後完成した本店ビルは、「出会いから、その後のデートや結婚式まですべてを演出する」、そんなコンセプトを掲げ、すべて直営の複合型飲食ビルとして、新たな脚光を浴びた。同時に、「社内すべて反対の中で実現に移した」工場見学も、希望者が殺到する大人気の企画となり、ともに横浜の新たな観光のシンボルとなった。

そして2008年、100周年を機にさらに次の100年を見据えたビジョンを打ち出す。その一つが経営理念の確立だ。それは今までの取り組みをあらためて言語化したもの。「ナショ

ナルブランドではなく、真に優れたローカルブランドをめざす」「シウマイや料理だけでなく、名物名所を創りつづける」など、これらの内容はまさに同社の歴史の積み重ねそのものだ。

この時、野並は「伝統を受け継いでいく」ことの意味を深く考えたという。「それは、先人たちの歩いた後をそのままなぞることではなくて、先人たちが目指したものを自分たちも目指すこと」ではないかと。同社で言えば、「横浜の名物名所を創りつづける」などがそれに当たる。

「私たちが提供するお弁当は、家族との時間など思い出と結びつくことが多いんです。『シウマイを食べるたびに親父のことを思い出す』。そんなお客さまもいます。そういう一つひとつの気持ちを大事にすることが、強いブランドを育てていくということではないでしょうか」

Profile

野並直文（のなみ なおぶみ）

1949年、神奈川県出身。慶應義塾大学商学部卒、同大大学院経営管理研究科修了。1972年崎陽軒に入社。1979年取締役就任、1991年取締役社長に就任。横浜商工会議所副会頭、社団法人横浜中法人会会長など公職を多数兼任。

株式会社崎陽軒

〒220-0011
神奈川県横浜市西区高島2-12-6
☎045-441-8851
創業　1908（明治41）年
事業内容　鉄道旅客用及び一般食料品の製造加工及び販売、飲食・喫茶及び宴会場の経営
http://www.kiyoken.com/

「企業の永続性を学ぶ」インタビュー③　中小企業大学校東京校 校長　森田博行

会社の歴史、創業者の想い、これまでのすべてを共有し「会社を継ぐ覚悟を決める」ところからすべてが始まる

企業が永続するための最も重要な課題、それは「後継者の育成」だろう。大企業、中小企業、老舗、ベンチャーなど業態やステージのいかんを問わず、あらゆる企業にとって永遠のテーマだ。そこで、35年にわたり中堅中小企業の経営後継者研修を手がけてきた「中小企業大学校東京校」の森田博行校長を訪れ、経営者・後継者はそれぞれどんな悩みを抱えて、何を求めているか、その課題に同校では具体的にどんな指導を行っているのか、話を聞いた。

中小企業大学校は、独立行政法人中小企業基盤整備機構が、国の中小企業施策の実施機関として中小企業の人材育成を支援することを目的に、全国9カ所に設置したもの。その中核校となる東京校は、昭和37年に開設され、以降約15万人が同校のさまざまなカリキュラムを受講してきた。その看板プログラムというべき経営後継者研修も、これまですでに700名を超える卒業生を輩出している。

全日制で10カ月、長い時間の共有が絆を深める

後継者研修の特徴は大きく二つ。10カ月という長期のプログラム中、ほとんどすべての参加者が寮に入り、寝食をともにすること。そして親である経営者も定期的に参加し、情報や価値観を共有し合う機会があることだ。

前者のメリットは、それぞれがよきライバルになるとともに、本音で理解し合える仲間ができること。同じ経営者でも「後継者」はまた異なる苦労や課題を持つため、同じ立場の者同士が知り合える機会は非常に貴重だという。卒業後も、卒業生同士、卒業生と在校生が交流する機会が定期的にあり、さらなる絆を深めている。

そして、親がプログラムに参加すること。これこそが、この研修の神髄だ。「事業承継が上手くいくかどうかは、親子（経営者と後継者）が理解し合えているかどうかです。しかしこれが簡単なようで難しい。距離が近すぎるゆえに、お互いに言いた

期間は10カ月のロングラン。1コース20名の少数精鋭で、ゼミは四つに分かれ個別対応を行うほか、多くの実務家の講師を配置するという充実ぶりは、国の機関の運営ならでは

いことが言えないことが多いのです。ですから私たちのような第三者が入って『強制的に』話し合う機会をつくっていくことは大きな意義があるのです」と森田校長は説明する。

例えば入学する前には、会社、社長、後継者そして社会、この四つの軸でこれまでの歩みを時系列にまとめる課題があり、社長としっかり話し合う機会が生まれることになる。

そしてそれぞれを照らし合わせることで、「この経営判断をしたのは、こういう社会情勢だったからか」「この時期はこんなに課題があったから、子どもにかまっていられなかったのか」など、都度都度の、先代のさまざまな心象を思い浮かべることができる。それは同時に、「先代の苦労や凄さを身をもって実感する」ことであり、「この会社を守り育てていかないといけない」そんな覚悟をも強くする。それが「事業承継のすべての出発点になる」のだそうだ。

円滑な事業承継のために意識しておくとよいこと

①親子間で価値観や情報をしっかり共有しておくこと
②早めに準備し、後継者が若い時に承継すること
③承継前からプロジェクトを任せて、経営判断の難しさを経験させておくこと

経営者の重要な仕事は、何といっても迅速かつ正確な意思決定。時には大胆さも必要とされる。その時に、会社の原点や強みをしっかり理解していることは大きな指針となり、若くして

後を継ぐことで、大胆さと長期視点を併せ持った判断ができることになる。

しかし何と言っても問題なのは、経営を譲ったはずの先代がいつまでも実権を持ち続けることだ。この弊害はさまざまな場面で語られるが、本書においても「先代が亡くなって、よくわからないまま経営者になったが結果的にうまくいった」事例が多いことが、図らずもその事実を裏づけている。とはいえ、先代を否定するところから始めては進化がない。「まずはしっかり理解すること」で、会社を知り、先代を知り、時代の変化や、先代と自分の役割の違いを知ることができる。それが自分らしい経営に向けた第一歩となるという。

一方で譲る側は、追いつき追い越したくなる凛とした背中を見せることだろうか。そして「任せても大丈夫」そういった信じる勇気が、次世代を育てていくことになるのだろう。

中小企業大学校東京校 校長

森田博行

もりた ひろゆき

中小企業大学校
東京校企業研修課

〒207-8515
東京都東大和市桜が丘2-137-5
☎042-565-1207
FAX 042-590-2685
http://www.smrj.go.jp/inst/tokyo

[編者]

ダイヤモンド経営者倶楽部

日本の次世代産業の中核を担う中堅・ベンチャー企業経営者を多面的に支援する目的で設立、運営されている。

〒104-0061
東京都中央区銀座4-9-8 銀座王子ビル3F
電話 03-6226-3223
http://www.dfc.ne.jp

レガシー・カンパニー
——世代を超える永続企業 その「伝統と革新」のドラマ

2015年8月20日　第1刷発行

編　者——ダイヤモンド経営者倶楽部
発行所——ダイヤモンド社
〒150-8409　東京都渋谷区神宮前6-12-17
http://www.diamond.co.jp/
電話／03·5778·7231(編集)　03·5778·7240(販売)
装丁/本文デザイン —ヤマダデザイン
編集協力——安藤柾樹(クロスロード)
製作進行——ダイヤモンド・グラフィック社
DTP ———インタラクティブ
印刷————信毎書籍印刷(本文)、加藤文明社(カバー)
製本————本間製本
編集担当——北村和郎(kazu@dfc.ne.jp)、木南敏彦

ISBN 978-4-478-06588-4

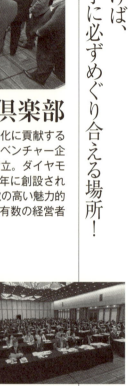

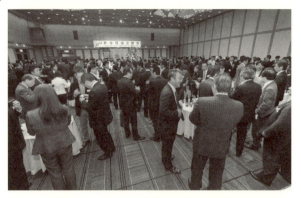